·打造施工企业会计人员后续教育和培训的

总会计师精解施工企业财会税收疑难问题

ZONGKUAIJISHI JINGJIE
SHIGONG QIYE CAIKUAI SHUISHOU YINAN WENTI

王 宁⊙编著

中国市场出版社
China Market Press

图书在版编目（CIP）数据

总会计师精解施工企业财会税收疑难问题/王宁编著.
—北京：中国市场出版社，2011.1
ISBN 978-7-5092-0727-7

Ⅰ．①总…　Ⅱ．①王…　Ⅲ．①建筑企业-工业会计
Ⅳ．①F407.967.2

中国版本图书馆 CIP 数据核字（2010）第 248824 号

书　　名：总会计师精解施工企业财会税收疑难问题
作　　者：王　宁　编著
责任编辑：胡超平
出版发行：中国市场出版社
地　　址：北京市西城区月坛北小街 2 号院 3 号楼（100837）
电　　话：编辑部（010）68012468　读者服务部（010）68022950
发行部（010）68021338　68020340　68053489
68024335　68033577　68033539
经　　销：新华书店
印　　刷：河北省高碑店市鑫宏源印刷包装有限责任公司
规　　格：787×1 092 毫米　1/16　17.75 印张　230 千字
版　　本：2011 年 1 月第 1 版
印　　次：2011 年 1 月第 1 次印刷
书　　号：ISBN 978 - 7 - 5092 - 0727 - 7
定　　价：48.00 元

这是一本什么样的书？（代序）

如果你是一名刚从事施工企业财税工作的高校毕业生，看着施工企业纷繁的会计业务是不是有些发懵？心想：“这是什么呀？学校学的东西怎么都用不上呀！”

如果你是一名从事了多年施工企业财务工作的会计师，“遭遇”近几年频繁出现的国家审计、税务稽查，你是不是经常困惑？心想：“这是怎么了？过去我一直这样做的呀，现在怎么不行了呢？”

知道这是为什么吗？

因为如果你是一名学财务的毕业生，你在学校里很少能接触到施工企业的具体实务，即使学了《施工企业会计》这门课程，也很难与施工企业真实、具体的业务相结合。如果你是一名有着多年从业经验的会计师，施工企业习惯了的粗放式经营带来的粗放式会计，已经越来越不适应政府和社会监管的需要。试问，你是不是还经常用内部自制的“验工计价表”来记账？你是不是经常因此被审计机构认定为“违法分包”或者被税务机关认定为不能税前扣除？你是不是为此翻阅了很多教科书或查找了很多文件，还经常会顾此失彼，“按下葫芦起来瓢”？

别急，你面前的这本书或许能对你有所帮助！

笔者是目前世界最大建筑承包商——中国铁建

所属二十强之一的工程公司的总会计师，在十多年的财务和内部审计从业经历中，尤其是在近几年施工企业频繁“遭遇”国家审计或税务稽查的过程中，“逼迫”我对施工企业面临的财税业务不断地探知、思索。虽然本人也拥有国内重点大学的硕士学位和中国注册会计师资格，但是，在探索的过程中，我时常感觉，曾经自己对施工企业财税理论的理解是那么肤浅，并因自己对其产生浓厚兴趣直至着迷于其中的研究而颇感充实和快乐！对会计人员的后续教育和培训，是总会计师的重要职责之一，但是，我也时常恼于很难寻觅一本真正适合的教材。因为我所见到的教材，对从事施工企业财税工作真正需要了解的东西一般都没有介绍，介绍的一般都是大家已经掌握了的东西。究其原因，可能是由于市场上的教材一般是大学教材，介绍的内容一般都是最基础的东西，而其作者本人对施工企业现实、丰富多彩的业务并不知晓造成的。所以，我不得不硬着头皮，自己动手、动脑研究求索现实面临的各种问题的答案，由此形成了对各种问题的讲稿，并在各种研讨会上与我的团队成员分享。在分享过程中，大家共同交流碰撞，以求日臻完善，于是就形成了这本书的雏形。从这个角度来讲，书中的观点无论正确与否，都应该是广大实务工作者经常遇到的，都应该是施工企业财税工作人员十分关心的内容。

真正形成书稿的过程是一段很折磨人的日子，大半年来，我几乎放弃了所有的休息时间，推掉了很多事情，潜心来做这件事。因为平时讲稿的内容，虽然可以与团队成员分享，但若要真正形成书面向更多读者，有的内容好像并不太合适。更多的时候，是在梳理其中内容的时候，才发现很多知识点是“看似明白，实际并不太明白”，这时候就需要翻阅很多资料，下很多功夫。说心里话，当时真没想到写书的时候比其他任何时候看的书都多。

在体系安排上，本书按照先财会知识后税法知识的顺序编排。其实说是财会知识，里面也融进了大量的其他内容，如内部控制知识、相关法规常识。但是，前面已经述及，本书没有像其他财会书籍一样，按照报表项目顺序将会计知识面面俱到地讲一遍，而只是讲了施工企业既常见又常“困惑”的内容，相信不少读者看了以后会有一种感觉：“哦，原来是这样!”书中第六、七、八章介绍了施工企业几乎每天面对的营业税、企业所得税、个人所得税三大税种的知识，同样，也没有对这些税收法律法规进行系统介绍，而是把与施工企业最相关、最常用的内容进行了梳理。

在写作过程中，为保证内容的准确性，本人参考了大量的相关书籍，尤其是《建造合同准则的应用》一章，本书大量借鉴了财政部会计司编写的《企业会计准则讲解（2008）》相关章节的内容；《生产要素的管理与核算》等章节有关内部控制的内容，借鉴了财政部会计司解读企业内部控制应用指引的相关内容，在此深表谢意!

该书的鲜明特色是：

第一，编写简约。除了一些特殊、典型的经济业务，书中没有大量的举例，写的都是实用的、估计读者需要了解的内容。

第二，实用性强。在一般教材中能够查到的内容，书中一般都不阐述或少阐述。本书阐述的都是实务中必须面对的内容，在此过程中，对施工企业财税实务中需要面对的热点、敏感问题，比如农民工的使用、架子队核算进行了系统讲解。

第三，内容新鲜。书中为了说明某种观点引用了大量的法律法规，这些法规都是国家最新颁布的法规，书中都进行了较为详尽的讲解。

本书尤其适合施工企业的财务工作者阅读参考，对即将毕业有志从事施工企业财务工作的高校在校生也不无帮助。

由于作者水平有限，书中肯定有很多疏漏错谬之处，真诚地欢迎广大读者批评指正，分享您的智慧。分享直通车：kuaijizhijia@163. com。

王　宁

2010 年 11 月

目 录

CONTENTS

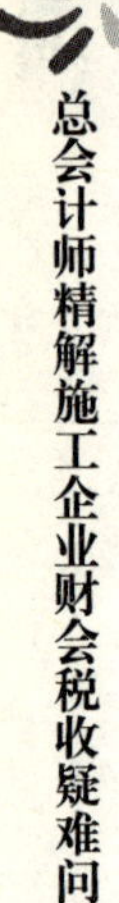

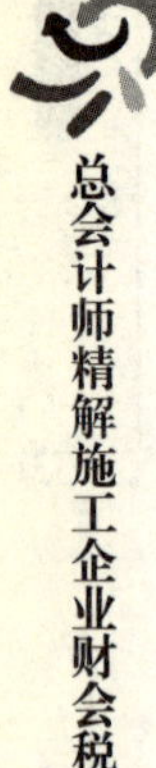

CHAPTER

1 第一章 施工企业的生产模式及其法律架构

施工企业主要从事修建铁路、公路、大型桥梁等基础性设施，其生产经营与其他行业相比具有鲜明的特点。因此，研究施工企业财税也需要从研究施工企业生产模式、产品特点及所处行业的法律架构入手，只有了解了这些内容，才能更好地学习施工企业财税相关知识。

本章的学习目标是：

1. 了解施工企业的生产模式
2. 了解施工企业生产模式对财税管理的影响
3. 理解并掌握施工企业财务工作相关的法律知识

第一节 施工企业的生产模式及其影响

一、施工企业的生产模式

施工企业与其他行业相比，具有以下明显特征。

（一）先订单后生产

施工企业生产的产品具有体积大、产品单件性或唯一性的特

点，在施工生产前一般需要先签订施工合同，作为甲乙双方权利义务的约定。即使不签订合同，施工企业的产品也是先有客户，再组织施工生产，类似工业企业的“以销定产”。

（二）产品生产周期长

由于施工企业的产品特点，施工企业的生产周期一般都较长，短则几个月，长则需要跨几个年度。由于建筑产品的总体性强、构造复杂、形体庞大，在施工生产过程中要占用大量的人力、财力、物力。一个大型建设项目往往要花费上亿甚至百亿元以上的投资，因此客观上决定了施工生产的周期相对较长，一般都需要跨年度施工。

（三）露天或野外施工

一般来讲，施工企业生产的产品是建筑物，由于其位置固定、形体庞大，所以生产地点一般是露天或者野外，条件相对比较艰苦，直接承受着自然气候条件变化的制约，使施工生产缺乏连续性、节奏性、均衡性。另外，每个建筑物或构筑物所在地点的工程地质或水文地质条件，也对施工生产起着很大的制约作用。

（四）劳动力密集

建筑行业是劳动力密集型行业，需要雇用大量的劳动力。虽然现代建筑业不断使用先进技术，大量运用机械化设备，但仍然需要使用大量的劳动力。对劳动力进行科学有效管理是施工企业的一项重大任务。

二、施工企业生产模式对财税管理的影响

由于施工企业的上述特点，决定了施工企业的会计核算有别于其他行业。

（一）施工生产的流动性决定了施工企业需要分级核算

一家施工企业往往有着几十个甚至上百个施工项目，这些施

工项目分布在全国甚至是世界各地，为了加强管理，必须采取分级核算的模式。

分级核算模式是指根据施工企业的管理层级，分级设置财务账簿，进行会计核算。比如，一家工程有限公司根据管理需要设置了三级管理层次，如图1—1所示。

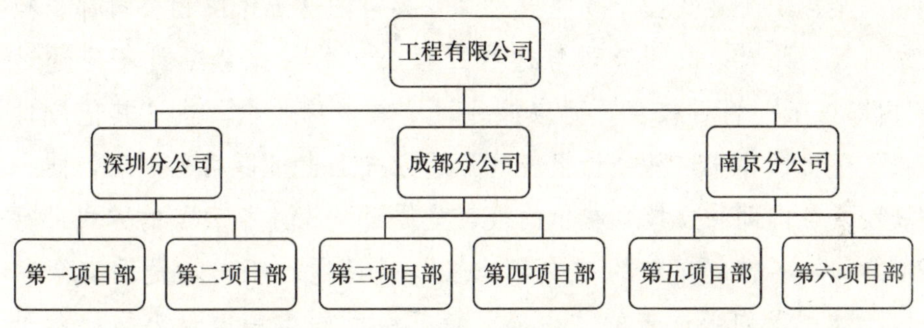

图1—1 施工企业会计分级核算模式

采取分级核算的模式，该工程有限公司和所属的三家分公司及分公司所属的各项目部都需要设置账套进行会计核算。分级核算是施工企业尤其是大型施工企业会计核算的一个重要特征。在分级核算模式下，各核算主体都需要设置会计账套，而且每个账套都需要设置“内部往来”科目进行与直接上下级核算单位的往来类业务的会计核算。很多刚从事施工企业会计工作的人常搞不清“内部往来”科目核算的规律，经常记错、记反科目。这里，对其进行简单介绍。

“内部往来”科目属于资产类账户，是具有资产、负债双重性质的结算账户，借方登记与企业内部独立核算单位之间发生的各种应收、暂付和转销的应付、暂收的款项，贷方登记与企业内部独立核算单位之间发生的各种应付、暂收和转销的应收、暂付款项。本科目的期末余额应与其对应的核算单位的期末余额相等，但方向相反。

需要注意以下两点：

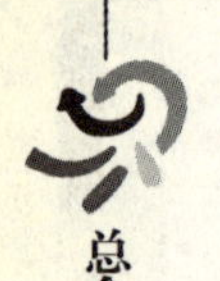

第一，只有同一法人下的内部独立核算单位之间的往来款项，才能通过“内部往来”科目核算；非同一法人下的往来，即使同属一家母公司，也不能通过“内部往来”科目核算。

案例 1—1

某施工企业集团下属有五家工程公司，这五家工程公司都是独立法人。此时，集团公司与这些工程公司的往来款项就不应通过“内部往来”科目核算，而应该通过“其他应收款”或“其他应付款”科目核算。这从会计报表的汇总方式上也可以略见一斑，同一法人下各内部独立核算单位的报表是通过“汇总报表”的方式进行汇总的，各核算单位的“内部往来”科目通过汇总，是没有余额的，体现了内部往来的“内部”特征；而同属一家母公司的各子公司之间的报表，是通过“合并报表”的方式进行合并的，各子公司需要编制独立的对外会计报表，相互之间如果有往来事项，需要通过“其他应收款”或“其他应付款”报表项目对外报告。

第二，内部独立核算单位之间的往来款项，必须通过与其有直接上下级关系的核算单位的“内部往来”科目核算。

案例 1—2

资料参见图 1—1。假如，该工程有限公司与第一项目部之间发生了一笔往来款项，只能由该工程有限公司通过与所属深圳分公司之间的“内部往来”科目核算，然后再由深圳分公司与第一项目部之间进行“内部往来”科目核算，这样才能在报表汇总时进行顺利汇总抵销。

（二）产品单件性和生产周期长决定了采取订单法核算工程成本以及采取合理的方法确认收入和费用

根据各种类型的企业特点及其管理要求，通常可以将计算产品或服务的成本方法分为分批成本计算法和分步成本计算法。分批成本计算法（以下简称分批法）是按照产品或服务的明确件数或批别来计算成本的一种方法，也称订单法。分批法的成本计算对象是产品的批别（或订单）。如会计师事务所的审计会随着客户的变化而变化，因而，通常将每一个审计项目作为一个批别。又如，飞机制造商所生产的飞机会因每一特定客户的不同要求而有所不同。

分批法适用于单件小批生产产品的成本计算。施工企业的每种建筑产品都有其自身的特点和专门的用途，不可能大量地或成批地组织生产，必须按照建筑项目的不同设计要求进行施工生产。因此，施工企业生产的产品基本上是没有重复的，是多种多样的，这就决定了施工企业生产的产品具有单件性特点，从而决定了应该采取订单法核算每项工程的成本。

由于施工企业产品的生产周期长，所以其确认收入和费用的方法也与其他行业的企业有着明显的区别。我国对施工企业确认收入和费用的方法的规定大体经历了两个阶段。

第一个阶段（1993 年 7 月—2003 年 12 月）。此阶段施工企业会计核算的依据是 1992 年财政部颁布的《施工企业会计制度》。这个阶段“工程价款收入应于其实现时及时入账”，施工企业与发包单位进行工程合同价款结算时，确认为收入实现，实现的收入额为承发包双方结算的金额。而且，还规定了相关的具体情形：

（1）实行合同完成后一次结算工程价款办法的工程合同，应于合同完成、施工企业与发包单位进行工程合同价款结算时，确认为收入实现，实现的收入额为承发包双方结算的合同价款总额。

（2）实行旬末或月中预支、月终结算、竣工后清算办法的工程合同，应分期确认合同价款收入的实现。即各月份终了，与发包单位进行已完工程价款结算时，确认为承包合同已完工部分的工程收入实现，本期收入额为月终结算的已完工程价款金额。

（3）实行按工程形象进度划分不同阶段、分段结算工程价款办法的工程合同，应按合同规定的形象进度分次确认已完阶段工

程收益的实现。即应于完成合同规定的工程形象进度或工程阶段、与发包单位进行工程价款结算时，确认为工程收入的实现。本期实现的收入额，为本期已结算的分段工程价款金额。

（4）实行其他结算方式的工程合同，其合同收益应按合同规定的结算方式和结算时间，与发包单位结算工程价款时确认为收入一次或分次实现。本期实现的收入额，为本期结算的已完工程价款或竣工一次结算的全部合同价款。

在这个阶段，施工企业的费用通过类似工业企业的成本结转方式来确认，即将企业已办理工程价款结算的已完工程实际成本确认为费用。具体操作为：实行合同完成后一次结算办法的合同工程，其本期已结算工程的工程成本，是指合同执行期间发生的累计合同工程成本。实行按月或分段结算办法的合同工程，其本期已结算工程的工程成本，应根据期末未结算工程成本累计，减期末未完工程成本进行计算。未完工程成本是指期末尚未办理价款结算的工程成本，可采用“估量法”或“估价法”计算确定。施工企业内部将未完工程成本俗称为“成本挂账”。

第二个阶段（2004 年 1 月至今），这个阶段的标志是财政部印发了《施工企业会计核算办法》，要求于 2004 年 1 月 1 日起在已执行《企业会计制度》的施工企业执行（此前，财政部已于 1998 年 6 月 25 日颁布了《企业会计准则——建造合同》，实质内容与该办法相近，但当时只在上市公司施行）。虽然财政部在 2006 年又颁布了《企业会计准则第 15 号——建造合同》，但笔者认为只是对细节问题的完善，精神主旨并没有多大改变。

在这个阶段，施工企业确认建造合同收入、费用的方法，与过去相比有了实质性的改变。施工企业不能再按发包方的结算价款确认收入，而首先应判断建造合同的结果是否能够可靠估计。如果能够可靠估计，则在资产负债表日采取完工百分比法确认合同收入和合同费用。如果不能够可靠估计，则应该继续判断合同成本是否能够收回，能够收回的，合同收入根据能够收回的实际合同成本予以确认，合同成本在其实际发生的当期确认为合同费用；不能收回的，合同成本在发生时立即确认为合同费用，不确认合同收入。相对过去的核算办法，这个阶段对合同收入、费用的确认更加符合权责发生制原则的要求，也更趋系统、合理。

（三）施工企业劳动力密集和当前劳务用工的特点决定了施工企业劳务工管理的复杂性

建筑业属于劳动密集型行业，每年吸纳的农民工占农村进城务工人员总数的1/3。由于该行业“苦、累、脏”等特点，吸纳的劳动力大多来自农民工或其他辛苦行业的分流富余劳动人员。据有关资料统计，2005年建筑业正式职工人数为854万人左右，行业就业人员达到4 383万人，则可知非正式的工人数达到3 529万人。据分析推算，近年来建筑施工业吸纳农民工人数平均每年增加100万至200万人，建筑施工业已成为联结城乡经济的重要纽带之一。

但是，目前我国建筑业吸纳农民工的方式很还存在很多问题。根据有关部门的调查，农民工外出务工主要靠亲友介绍和靠“包工头”组织外出，这些“包工头”通常挂靠在一些劳务公司，在缴纳一定数额的管理费后，以劳务公司的名义组织劳动力，承包工程业务。他们通常与农民工没有任何劳动合同关系，经常是在所承包工程完工甚至更长时间后，才会支付给农民工工资。这给施工企业的财税管理带来很多困难。因为《中华人民共和国建筑法》（以下简称《建筑法》）不允许将工程分包给没有任何资质的个体包工头，即使包工头挂靠一些劳务公司，也需要具备相应的建筑企业资质。甚至可以这样说，当前施工企业财税管理中面临的很多难题，比如，由此引发的工程款的支付（因为“包工头”往往没有正规账户）、合规发票的取得（因为“包工头”为了获取

超额利润不愿意取得发票）、工程款的结算（因为“包工头”经常与施工企业因结算问题打官司）等，都与“包工头”有关。

第二节　施工企业财务工作必须了解的相关法规

要想做好施工企业的财税工作，除了要了解施工企业的生产模式及产品特点外，还需要了解施工企业生产经营的法律架构，掌握必备的法律常识，比如《建筑法》和《中华人民共和国合同法》、《中华人民共和国安全生产法》（以下分别简称《合同法》、《安全生产法》）等，这样才能做到心中有数、有的放矢。事实上，财税实务中面临的一些热点难点问题，大多也与这些法规知识的理解和把握有关。

一、从业资格的相关法规

施工企业从事建筑活动，需要具备相应的条件，不具备相应条件的建筑施工企业不得从事建筑活动。

《建筑法》第十二条规定，从事建筑活动的建筑施工企业、勘察单位、设计单位和工程监理单位，应当具备下列条件：（1）有符合国家规定的注册资本；（2）有与其从事的建筑活动相适应的具有法定执业资格的专业技术人员；（3）有从事相关建筑活动所应有的技术装备；（4）法律、行政法规规定的其他条件。

《建筑法》第十三条规定，从事建筑活动的建筑施工企业、勘察单位、设计单位和工程监理单位，按照其拥有的注册资本、专业技术人员、技术装备和已完成的建筑工程业绩等资质条件，划分为不同的资质等级，经资质审查合格，取得相应等级的资质证书后，方可在其资质等级许可的范围内从事建筑活动。

不难看出，施工企业要想从事建筑业活动，必须具备两个条件：第一，必须是符合《建筑法》规定的四个条件的企业或单位，即意味着从业主体是个人的不行，同时也意味着不符合四个条件也不行；第二，必须取得相应的资质等级，而且必须在其资质等级许可的范围内从事建筑业活动。

然而，现实中，施工现场还存在不少不符合建筑业从业资格的施工队伍。比如，有的分包队伍“挂羊头卖狗肉”，名义上是施工企业与劳务公司签订的分包合同，而实际上是个体“包工头”借用劳务公司的资质，施工现场都是由“包工头”在控制。更有甚者，还有的施工企业直接和“包工头”个人签订分包合同。所有这些都严重违反了我国《建筑法》的规定，不仅给工程建设的质量、进度、安全带来严重隐患，而且给施工企业的会计核算带来了极大困难。比如，施工企业将工程直接分包给个体“包工头”，施工企业在收到客户拨付的工程款后，扣除收取的管理费直接给“包工头”，会计是很难核算的：第一，“包工头”因不符合建筑业从业资格，不能开设正常的施工项目临时账户，资金支付时或者打到“包工头”个人的银行卡，或者直接提取现金，或者“包工头”到处借用银行账户，这些都不符合资金使用的规定；第二，包工头不能给施工企业提供建筑业发票，只能凭双方签认的内部结算用的“验工计价表”入账，不符合财税法规的规定。

那么，既然个体包工头不能从事建筑业活动，社会上大量的农民工还在从事建筑业，这不矛盾了吗？不矛盾！这里的从事建筑业活动是指俗话所讲的“承包工程”，而农民工通过与施工企业或建筑劳务公司签订劳动合同，从事建筑业活动是另一码事。为规范铁路建设项目管理，确保铁路建设项目质量、进度、安全，坚决清理“包工头”，铁道部在铁路建设项目推行了架子队管理模式。该管理模式既能确保工程质量，又能维护农民工利益，是一种很好

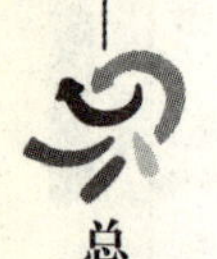

的管理模式，本书第四章第六节对此进行了较为详细的介绍。

二、分包与挂靠的相关法规

分包与挂靠问题是施工企业老生常谈的问题，甚至可能是施工企业面对国家审计的时候最为头疼的问题。关于这方面的法律规定可以概括为五点：

第一，禁止转包或挂靠。我国《建筑法》第二十六条规定，禁止建筑施工企业以任何形式允许其他单位或者个人使用本企业的资质证书、营业执照，以本企业的名义承揽工程。第二十八条规定，禁止承包单位将其承包的全部建筑工程转包给他人，禁止承包单位将其承包的全部建筑工程肢解以后以分包的名义分别转包给他人。

第二，分包必须经建设单位认可。《建筑法》第二十九条规定，建筑工程总承包单位可以将承包工程中的部分工程发包给具有相应资质条件的分包单位；但是，除总承包合同中约定的分包外，必须经建设单位认可。

第三，主体结构不得分包。施工总承包的，建筑工程主体结构的施工必须由总承包单位自行完成。

第四，分包单位必须具有相应的资质条件。禁止总承包单位将工程分包给不具备相应资质条件的单位。

第五，禁止分包单位将其承接的工程再分包。

实务中，令施工企业财务人员最头疼的问题可能是，明明企业是在分包、挂靠，而非得让财务人员在账簿上进行非分包、挂靠的处理。因为分包与挂靠问题往往是由政府审计机构查处，而审计主要是通过审计财务账簿发现这些问题。

那么，实际上的分包、转包能不能在财务账簿上被“包装”、“隐匿”起来呢？笔者认为很难，单就“资金流向”这一关就通不过。具体来说，分包与挂靠可以分为两种情况，一种情况是分包给合法正规的施工企业，另一种情况是分包给不正规的劳务公司或个人。但是，无论是哪一种情况，只要存在分包问题，都会在资金流向方面出现异常。

第一种情况，因为其是合法正规的施工企业，所以其必须要设置账簿进行会计核算，资金一定会流向其企业账户，分包问题会显而易见。但是，读者可能会问，假如A企业将其部分工程分包给了B企业，A企业要求B企业用A企业的名义设置账簿进行核算，从资金流上看不就没有问题了吗？这样做确实比较“隐蔽”，但是依然存在一些问题：第一，如果这样做，很可能会在财务账簿上体现同一家企业在同一个项目上的财务政策不相同，如工资政策肯定会有差异，有经验的审计人员很快会怀疑；第二，如果这样做，B企业承建的工程尽管在财务账上体现的是A企业，但会和B企业发生很多经济业务，而且有些业务不容易处理，比如，固定资产折旧就不能正常计提，通过租赁的方式会增加税费负担。

第二种情况，分包给不正规的劳务公司或个人。所谓分包给不正规的劳务公司，一般是指个人挂靠劳务公司情形，这种情形在资金流向方面表现会更加异常，主要是大量使用现金或资金大量流向个人银行卡，即使是财务账采用工资表的形式，工资表的签字也往往不是民工本人签字，而是由包工头亲自或找人代签。

综上，如果实际上就是分包或挂靠，单纯靠财务做账“修饰”很难实现预期目的，往往是“摁下葫芦起来瓢”，顾此失彼。

上述两个问题在实务中往往会交织在一起。从审计署近几年对国家重点建设项目的审计来看，违规转分包问题在这些项目中普遍存在，有些还很严重。以下是根据审计署的审计结果公告，列举的这些项目的此类问题。

34个高等级公路项目建设管理及投资效益情况的审计结果（2007年第2号）

一是建设单位指定分包和施工单位违规转分包问题。其中：建设单位违规直接发包和指定分包工程17.96亿元，施工单位违规转分包工程72.39亿元，两者合计占抽查项目合同总金额的36%。抽查其中8.01亿元转分包工程发现，施工单位从中违规收取管理费0.92亿元，部分工程转分包给不具备相应资质的施工队甚至个体包工头，其中3个项目因偷工减料造成质量缺陷。如新疆昆仑路港工程公司等4家单位在安徽省蚌埠至明光高速公路建设中，将8 497万元的工程分包给36个无资质施工队，收取管理费1 946万元。投资2 813万元的重庆市长寿至万州高速公路的边坡绿化工程被转包4次，承包单价由130元/m^2降到42元/m^2，建设资金在中间环节被抽取了70%，其中某个体户将工程一次转包就非法获利672万元；抽查边坡绿化工程中的24个项目发现，设计规定的安装锚杆均未实施。浙江省丽水至青田高速公路第19标段被层层转包，最后由两个既无资质又缺乏施工能力的包工头组织施工，而由其承建的高速路桥工程中，仅119根桩基就有46根存在严重质量缺陷。

二是少数地方领导利用职权违规插手工程招投标，谋取私利，造成国有资产严重流失。如青岛市交通局原局长等人在黑龙江省同江至海南省三亚高速公路青岛段建设过程中，将部分工程项目指定一名临时工假冒和借用其他公司名义承包，并按高价结算，造成公路建设资金损失1 300多万元。2001年以来，四川省达州市检察院原检察长利用检察机关监督预防交通部门职务犯罪之机，为其亲属承揽大竹至邻水邱家河高速公路边坡绿化工程，结算单价明显高于当地同类工程，违规获利249万元。

三是5个项目的投标和评标存在幕后交易。在安徽省蚌埠至明光高速公路路基工程15标段招标过程中，建设单位——安徽省蚌明高速公路开发有限公司按照原董事长的授意，违规使安徽省公路工程总公司中标，然后又以“施工量大”为由，要求该公司将其中三分之一的工程分给蚌埠市路桥工程有限公司。在这一要求得到满足后，才与安徽省公路工程总公司签订价款为7 402万元的合同。审计还发现，一些单位和个人，以“中介服务”为幌子，采取各种手段“帮助”施工单位中标，从中收取好处费1 374万元。如中铁二十局三公司在浙江省丽水至青田高速公路的招投标中委托一家民营企业主进行“对外公关”，公司中标后，将其中的6 700万元的工程发包给该民营企业主，后者又将工程转包给另外两个包工头，从而非法获利510万元。

三峡水利枢纽工程审计结果
（2007年第6号）

少数施工单位违规转分包，收取管理费5 345万元。抽查永久船闸（二期）、左岸电站、右岸电站、地下电站部分工程，合同金额53.01亿元，查出施工单位违规转分包8.65亿元，占16.3%；收取管理费5 345万元，占违规转分包金额的6.2%。如2005年1月，三峡总公司将合同金额4 953万元的左岸电站装饰工程发包给不具有装饰工程施工资质的宜昌三峡工程建设三七八联营总公司，该公司收取10%管理费后，将全部工程分包给湖南省第四工程公司等3家施工单位。宜昌安联水利水电有限责任公司在永久船闸二期部分主体工程建设中，将6.8亿元的工程分包给18家单位，占结算金额的27%，收取管理费3 907万元。

554座病险水库除险加固工程审计调查结果
（2009年第7号）

违规招投标、转分包、无资质承包问题比较突出。审计抽查

的554个水库项目，有194个（占35%）存在招投标不合规问题，涉及合同金额7.4亿元，占这些项目应招标合同金额的22%；有95个项目存在违规转分包问题，涉及金额4.2亿元。

京沪高速铁路建设项目跟踪审计结果（2010年第2号）

少数分项目承发包不够规范。在京沪高铁正线、上海虹桥站、南京南站和大胜关长江大桥等工程的招投标过程中，京沪公司、上海铁路局等建设单位存在标书审核不严、未按规定招标等问题，个别施工单位违反招投标相关规定，将工程分包给无相应资质的单位。审计抽查中国水利水电建设集团公司（以下简称中水集团）投标书中的118名专业技术人员发现，有54人的专业技术职称和职业资格与实际不符；上海铁路局在上海虹桥站建设中，将应招标的工程咨询和桩基第三方检测项目化整为零，规避招投标；中国交通建设股份有限公司、中铁六局等9家单位未经建设单位批准，违规分包工程合计3.12亿元，部分工程被分包给不具备相应资质的单位。

西气东输二线工程西段跟踪审计结果（2010年第3号）

部分工程存在未按规定转分包问题。审计抽查2 721公里的管沟开挖工程发现，截至2009年6月底，中石油所属施工单位将承包工程全部转分包给其他施工单位和个体包工头，签订合同397个，平均每个合同的里程6.85公里。河北华北石油工程建设有限公司将其中标的霍尔果斯压气站等项目的土石方工程（中标价2.4亿元），转分包给河北任丘市欣荣建筑安装工程有限公司等36家施工单位，获取价差1.02亿元，占合同价款的42%。

三、工程质量的相关法规

施工企业必须按照国家法律法规的要求，加强对建设工程质量的管理，保证建设工程质量，保护人民生命和财产安全。我国《建筑法》第五十五条规定，建筑工程实行总承包的，工程质量由工程总承包单位负责，总承包单位将建筑工程分包给其他单位的，应当对分包工程的质量与分包单位承担连带责任。分包单位应当接受总承包单位的质量管理。第五十八条规定，建筑施工企业对工程的施工质量负责。建筑施工企业必须按照工程设计图纸和施工技术标准施工，不得偷工减料。工程设计的修改由原设计单位负责，建筑施工企业不得擅自修改工程设计。第五十九条规定，建筑施工企业必须按照工程设计要求、施工技术标准和合同的约定，对建筑材料、建筑构配件和设备进行检验，不合格的不得使用。

施工企业与财务工作的关系主要体现在材料的消耗上，一是材料消耗的数量是否符合工程设计图纸设计的数量，二是消耗材料的质量是否符合工程设计要求、施工技术标准和合同的约定，是否存在以次充好的行为。

审计署在对建设项目的审计中，对工程质量问题一直比较关注。以下是在审计结果公告中公布的两个项目的工程质量问题。

三峡水利枢纽工程审计结果
（2007年第6号）

经国务院质量检查专家组检查认定，工程开工以来，共出现过左岸大坝混凝土裂缝、左岸电站水轮机蜗壳导流板撕裂等37项质量事故或缺陷，经及时处理和验收后，均满足设计要求。上述质量事故或缺陷中，除7项是由于结构、自然气候变化等复杂因

素引起，属于非责任主体行为外，其余30项中，有25项没有明确责任主体，也未对责任单位或个人进行处理处罚，22项未按规定形成事故处理报告。

554座病险水库除险加固工程审计调查结果（2009年第7号）

审计重点抽查并现场查勘了554座水库，绝大多数工程质量合格。浙江、山东等省已完工单项工程验收优良率达到60%以上。但由于有的地方水利部门和项目法人单位质量意识不强，专业人员缺乏，工程质量管理体系存在缺陷，导致168座水库在除险加固工程基本完工后，仍存在局部质量缺陷。审计调查发现，92座水库擅自减少或变更部分主体工程，38座水库施工不规范或存在偷工减料现象，32座水库设计漏项或初步设计不到位，6座水库大坝安全鉴定漏项或不准确，还有个别地方质检、验收未尽责。其中29座水库主体工程质量问题较为严重，已经影响到水库防洪能力的发挥。

施工企业需要遵循的法律法规远不只这些，但是以上所列举的法律法规是与施工企业财务工作密切相关的，是国家审计机关密切关注的，是从事施工企业财务工作必须了解的。

CHAPTER

2 第二章 货币资金的管理与核算

资金是企业生存和发展的重要基础，是企业生产经营的血液。企业的资金活动与生产经营过程密不可分，企业生产经营活动的开展，都依赖于一定形式的资金支持；生产经营的过程和结果，也是通过一定形式的资金活动体现出来的。因此，资金管理一直被视为企业财务管理的核心内容，构成了企业经营管理的重要部分。

本章的学习目标是：

1. 掌握库存现金、银行存款管理的基本要求，了解实际工作中的常见问题

2. 掌握施工项目各类资金往来业务的核算

3. 掌握施工项目资金管理的内部控制

4. 理解并掌握施工项目资金管理要领

第一节 库存现金管理

一、现金管理的基本要求

（一）尽量减少现金使用

根据《现金管理暂行条例》的规定，国家鼓励开户单位和个

人在经济活动中，采取转账方式进行结算，减少使用现金。开户单位之间的经济往来，除按本条例规定的范围可以使用现金外，应当通过开户银行进行转账结算。

开户单位可以在下列范围内使用现金：

(1) 职工工资、津贴；

(2) 个人劳务报酬；

(3) 根据国家规定颁发给个人的科学技术、文化艺术、体育等各种奖金；

(4) 各种劳保、福利费用以及国家规定的对个人的其他支出；

(5) 向个人收购农副产品和其他物资的价款；

(6) 出差人员必须随身携带的差旅费；

(7) 结算起点以下的零星支出；

(8) 中国人民银行确定需要支付现金的其他支出。

结算起点定为 1 000 元。

除第（5）、（6）项外，开户单位支付给个人的款项，超过使用现金限额的部分，应当以支票或者银行本票支付；确需全额支付现金的，经开户银行审核后，予以支付现金。

上述内容，可以概括为以下两条要点：第一，只有符合以上范围的业务可以使用现金，不符合以上范围的一律不得使用现金；第二，除向个人收购农副产品和其他物资的价款以及出差人员必须随身携带的差旅费以外，其他符合现金使用范围但超过结算起点的业务，超过现金限额的部分应当以支票或者银行本票支付。经开户银行审核批准，也可以全额支付现金。

企业应当遵守现金使用范围的规定，对支付除“向个人收购农副产品和其他物资的价款”，和“出差人员必须随身携带的差旅费”外的超出结算起点的款项，应采用支票或者银行本票支付。由于目前的施工项目的工资一般都超过了结算起点，支付工资一般要采取银行代发的形式。

支付个人的款项可以根据《中国人民银行关于改进个人支付结算服务的通知》（银发〔2007〕154 号）精神，按照以下原则处理。

(1) 个人的合法结算款项可以从单位银行结算账户通过银行转账转入个人银行卡内。可以转账的范围包括：工资类款项、劳务费、材料费、机械租赁费、正常差旅费借款及报账款等。

(2) 从单位银行结算账户向个人银行卡内支付款项单笔超过5万元人民币时，付款单位若在付款用途栏或备注栏内注明事由，可不再另行出具付款依据（比如合同、发票等），但付款单位应对支付款项事由的真实性、合法性负责。

(3) 收款的个人银行卡在同城内各银行开户的，转账时使用同城转账支票，跨行不收取手续费；在异地各银行开户的，转账时使用电汇凭证，收取电汇汇费。

(4) 收款账号信息要填写齐全，须填写收款户名、收款个人卡号、详细的开户银行名称（到具体支行名称）。

(5) 转账支票或电汇凭证的用途栏需填明此款项的真实用途，如工资、奖金、养老保险、失业保险、人工费、劳务费、个人材料款、租金、借款等。

(二) 不得坐支

根据《现金管理暂行条例》的规定，开户单位现金收入应当于当日送存开户银行。当日送存确有困难的，由开户银行确定送存时间；开户单位支付现金，可以从本单位库存现金限额中支付或者从开户银行提取，不得从本单位的现金收入中直接支付（即坐支）。因特殊情况需要坐支现金的，应当事先报经开户银行审查批准，由开户银行核定坐支范围和限额。坐支单位应当定期向开户银行报送坐支金额和使用情况。

（三）保障现金安全

施工项目办工条件一般比较简陋，但存放现金的房间应当安装防盗门、窗，存放现金应当配备保险柜。存取现金金额较大或离银行较远时，必须由机动车辆接送，并派人陪同保护。出纳人员存取现金途中不得办理其他事项或逗留。库存现金要在银行核定的现金库存限额以内，银行未核定限额的，一般以单位3～5天的日常零星开支为限，提取大额现金要履行内部审批手续。单位应当定期和不定期地进行现金盘点，确保现金账面余额与实际库存相符。发现不符，及时查明原因，作出处理。

二、现金管理需要规避的问题

（一）白条抵库

白条抵库是指用不合法的便条、白头单据来抵补库存现金，也称为“白条顶库”，是一种常见的违反现金管理制度的行为，应当给予坚决制止。

产生白条抵库的原因无外乎以下两种，一种是记账不及时，即出纳员已经把钱支付给了领款人，而会计没有记账。这种情况实际上说明该企业的财务内控制度不健全，因为出纳应该根据会计已经审核后的记账凭证支付款项而不能直接支付现金，所以表面上看是记账不及时，实际上是内控制度不健全。另一种是款项用途不合规，无法入账而导致处理不及时，这种情况实际上也不鲜见，如支付的罚款或者没有合法票据的款项等。

无论是什么原因造成的，除了通过现金盘点手段发现白条抵库行为外，在会计账簿上也会有较为明显的迹象。通过笔者多年的经验和体会，当企业本身账上有现金还继续提现金时，就很可能存在白条抵库行为。

（二）违规甚至违法使用现金

违规甚至违法使用现金是指有的单位通过虚假合同、虚假发票套取现金用于非法用途。实务中按照财务处理的先后顺序又可以分为两种情况，一种情况是先违规使用后财务处理，这种情况在财务上的表现就是白条抵库，财务账面一直体现有高额的现金，阶段性地进行处理；另一种情况是先进行财务处理把现金套出来，然后再在账外开支，这种情况隐蔽性较强。

（三）记账不及时

有的单位或者是因为财务人手不够或者因为其他原因，财务记账严重不及时。有的会计几天才记一次账，记账的时候也不分清业务的发生顺序，甚至出现在财务账上现金余额出现负数的情况。

事实上，上述问题在实务中往往是交织在一起的。

案例 2—1

表 2—1 是某施工项目的现金日记账。

表 2—1　　　　某施工项目的现金日记账

20×0 年		凭证号	摘要	借方	贷方	方向	余额
月	日						
			期初			借	110 620.00
3	1	记—0028	王永红提现金	40 000.00		借	150 620.00
3	2	记—0056	李力借差旅费		30 000.00	借	120 620.00
3	7	记—0059	王永红提现金	20 000.00		借	140 620.00
3	9	记—0071	支付王刚报账款		30 020.00	借	110 600.00
3	15	记—0097	付临建队借款		100 000.00	借	10 600.00
3	17	记—0132	王永红提现金	50 000.00		借	60 600.00
3	18	记—0135	支付刘洁报账款		3 600.00	借	57 000.00
3	20	记—0154	王永红提现金	50 000.00		借	107 000.00
3	30	记—0238	付临建队借款		100 000.00	借	7 000.00

我们能否发现这份现金日记账存在的问题呢？可以看到，虽然账面有大额的现金余额，但还在继续提取现金，说明月初的现金余额不实，存在白条抵库。那么，白条是怎么“消化”的呢？最大的嫌疑就是临建队的两次大额借款。这时候需要检查与临建队的合同和财务往来。经查，临建队是该施工项目虚拟的一支队伍，项目通过该队伍将平时一些没有发票的开支处理“消化”。

第二节　银行存款管理

一、银行账户的分类

企业在银行的账户可以分为基本存款账户、一般存款账户、临时存款账户和专用存款账户四种。

基本存款账户是指存款人办理日常转账结算和现金收付的账户。存款人的工资、奖金等现金的支取，只能通过本账户办理。

一般存款账户是指存款人在基本存款账户以外的银行借款转存、与基本存款账户的存款人不在同一地点的附属非独立核算单位开立的账户。存款人可以通过本账户办理转账结算和现金缴存，但不能办理现金支取。

临时存款账户是指存款人因临时经营活动需要开立的账户。存款人可以通过该账户办理转账结算和根据国家现金管理规定办理现金收付。

专用存款账户是指存款人因特定用途需要开立的账户，如基本建设资金、更新改造资金。

根据《人民币银行结算账户管理办法实施细则》（银发

〔2005〕16号），建筑施工及安装单位企业在异地同时承建多个项目的，可根据建筑施工及安装合同开立不超过项目合同个数的临时存款账户。申请开立临时存款账户时，应向银行出具其营业执照正本或其隶属单位的营业执照正本，以及施工及安装地建设主管部门核发的许可证或建筑施工及安装合同。

二、银行账户的使用要求

银行账户的使用要求为：

（1）合法使用银行账户，不得转借其他单位或个人使用；不准使用银行账户进行非法活动。

（2）不准签发没有资金保证的票据或远期支票，套取银行信用。

（3）不准签发、取得和转让没有真实交易和债权债务的票据，套取银行和他人资金。

（4）单位应当指定专人定期核对银行账户，每月至少核对一次，编制银行存款余额调节表，使银行存款账面余额与银行对账单调节相符。如调节不符，应查明原因，及时处理。

三、银行存款管理需要规避的问题

（一）银行存款内部控制不健全，造成企业损失

随着企业内部管理的不断完善，大部分企业银行存款管理比较严格。但是，由于施工企业面广、点多，资金流量大，也确有偶尔发生银行存款被挪用、贪污的行为。

案例 2—2

某施工项目财务人员通过银行存款进出不入账的形式将资金套出用于短期获利，最后东窗事发、锒铛入狱。之所以会出现这种行

为，当然与施工项目的内部控制有关，也与上级审计存在侥幸心理有关，因为很多内部审计人员在进行银行存款账面金额与银行对账单核对这道审计程序时，仅核对余额，认为余额对上就万事大吉了，殊不知，银行存款核对不仅要核对余额，还要核对发生额，因为仅核对余额无法核对出前期出进不入账的挪用资金行为。

（二）通过假票根、假对账单转移资金

有的项目掩耳盗铃，用假票根、假对账单做账，企图掩饰资金的真正去向，实则是自欺欺人。因为这种做法只能迷惑自己，只要拿银行对账单逐一核对，什么问题都会搞清楚，但实务中却有人这么“傻”！

第三节　施工项目资金往来的管理与核算

施工项目的资金往来主要包括与客户的结算与拨款、与材料供应商的资金往来、与分包商的资金往来、与职工的资金往来等。

一、与客户往来的管理与核算

（一）与客户往来的管理

施工企业与客户的往来，主要是客户对施工企业已经完成合格工程量的验工计价和对施工企业的拨付工程款、材料款两方面内容。要特别关注客户对施工企业各项扣款的管理。实务中，客户对施工企业的扣款种类较多，诸如，工程质量保证金、安全风险抵押金、工程预留金，财务人员要认真研读与客户的施工合同中对这些扣款约定返还的时间和条件，主动提醒相关人员促成相关条件的实现。

施工企业要重视与客户的对账工作，至少每个季度要主动与客户对一次账，及时记录未达账项，要定期或不定期地对财务人员进行轮岗调整，防止长期不轮岗情形下，财务人员从客户处私自借款挪用资金的行为。

（二）与客户往来的核算

与客户往来的会计处理如下：

根据项目部与客户、监理签认的验工计价表，

借：应收账款——应收工程款——客户名称

贷：工程结算

同时，根据客户验工计价表中注明的各项扣款，

借：应收账款——应收工程质量保证金——客户名称

——应收安全风险抵押金——客户名称

——应收工程预留金——客户名称

贷：应收账款——应收工程款——客户名称

收到客户拨款时，根据银行进账单，

借：银行存款

贷：应收账款——应收工程款——客户名称

如是客户转材料款，则根据客户的转账通知单和项目部物资部门出具的材料点验单，

借：原材料

贷：应收账款——应收工程款——客户名称

如是客户转税费，则根据客户的转账通知单和税票，

借：应交税费

贷：应收账款——应收工程款——客户名称

“应收账款”科目期末借方余额，反映企业尚未收回的应收账款；如为贷方余额，反映企业预收的账款。

企业通常设置客户计价与拨款台账，以便更简洁地反映客户对企业的计价与拨款情况，台账格式通常如表2—2所示。

表 2—2

客户计价与拨款台账

客户名称：　　　　年份：　　　　金额单位：元

日期	凭证号	客户计价款	客户拨款					客户欠款			备注
			货币资金	供应材料	税费转账	其他	合计	工程款	质保金	合计	

项目负责人：　　　　财务主管：　　　　制表：

二、与分包商往来的管理与核算

(一) 与分包商往来的管理

施工企业与分包商的往来，主要包括施工企业对分包商的验工计价和施工企业对分包商的各类拨款和代扣款两方面内容。

在实务中需要注意以下问题：

第一，施工企业与分包商的各项往来一定要取得分包商的签字确认，而且必须是合同签订人的签字确认，如果不是合同签订人，一定要有合同签订人的授权认可。实务中，有些企业存在对分包商单方面计价、未取得分包商签字认可的转材料、转罚款，一旦面临法律诉讼，就很可能吃苦头。

第二，要及时与分包商对账，并取得分包商的签字认可，实务中，可以采取在分包商每次请款时对账，也可以每月或每季度对一次账。

第三，禁止项目部管理人员对分包商乱签认工程量，造成结算时的麻烦。

(二) 与分包商往来的核算

与分包商往来的会计处理如下：

根据项目部对分包商的验工计价表（注意验工计价表需要分包商和项目部共同签字认可，实务中有的项目部搞单方计价，会给以后的结算造成很多麻烦），

借：工程施工——合同成本

　　贷：应付账款——应付工程款——分包商名称

项目部对分包商拨付工程款，根据银行转账支票和分包商开具的收据，

借：应付账款——应付工程款——分包商名称

　　贷：银行存款

在前面章节已经有过叙述，对分包商的拨款必须通过银行存款，不能使用现金，也不能用现金支票。

实务中，不少企业对分包商拨款采取代付款形式，在会计处理中，必须注意一定取得分包商的授权书和收据。比如，对分包商的工资款由项目部代付，此时记账的原始凭证除了工资发放表、银行签认的工资发放记录（如是银行代发）外，还必须取得分包商的授权书（既可以统一授权，也可以分次授权，但必须明确而无争议）和分包商在每次代发后出具的收据。

项目部对分包商转材料款，根据物资部门出具的转账通知单和分包商开具的收料单，

借：应付账款——应付工程款——分包商名称

贷：原材料

注意，此种情形下，所转的材料数量一定要有分包商的签认，价格一定要与分包合同约定的价格一致。

企业通常应该设置分包商的计价与拨款台账（参见表 2—3），以便清晰简洁地反映与分包商的往来情况。

三、与供应商往来的管理与核算

（一）与供应商往来的管理

施工企业与供应商的往来，主要包括供应商对施工企业供应材料和施工企业对供应商拨款两部分内容。

表 2—3

分包商计价与拨款台账

分包商名称： 年份： 金额单位：元

日期	凭证号	分包商计价款	对分包商拨款					欠分包商款			备注
			货币资金	供应材料	费用转账	其他	合计	工程款	质保金	合计	

项目负责人： 财务主管： 制表：

在实务中需要注意以下问题：

第一，一定要审查供应商提供的发票是否真实、合法，是否与施工项目相关部门出具的验收单一致；

第二，要严格控制对供应商的预付款，各项预付款必须以合同为依据，严禁无合同向供应商支付预付款；

第三，向供应商支付款项，要严格按照合同约定的账号支付，不允许直接支付给供应商的业务员，不允许用现金形式支付。

（二）与供应商往来的核算

其会计处理是：

根据物资部门出具的点验单和材料发票，

借：原材料

　　贷：应付账款——应付供货款——供应商名称

向供货商付款时，根据请款审批单、银行汇款单等，

借：应付账款——应付供货款——供应商名称

　　贷：银行存款

四、与职工往来的管理与核算

（一）与职工往来的管理

施工企业与职工的往来，主要是职工的各类借款、还款。

实务中需要把握以下几点：

第一，备用金必须坚持一次一清制度，即前账不清，后账不还。

第二，不允许非公借款，不允许为企业职工因购买房屋及其他财产借款。根据《关于企业为个人购买房屋或其他财产征收个人所得税问题的批复》（财税〔2008〕83号），企业投资者个人、投资者家庭成员或企业其他人员向企业借款用于购买房屋及其他财产，将所有权登记为投资者、投资者家庭成员或企业其他人员，且借款年度终了后未归还借款的，其实质均为企业对个人进行了

实物性质的分配，应依法计征个人所得税。

第三，要严格把握借款的期限，借款期限一般不能超过 3 个月。

（二）与职工往来的核算

与职工往来的核算尽管简单，实务中处理也有一些技巧：

第一，应该采取报账还款的方式，而不宜采取现金还款的方式。因为与现金还款方式相比较，报账还款方式更能说明借款资金的真正去向，也能充分说明借款人是因公借款。

第二，报账要及时，不能在财务账面上体现只借款不报账，以至于涉嫌挪用公款。

第三，不能整借整还，尤其是在金额较大情况下，因为这种情形很可能涉嫌用小金库资金还大账借款。

另外，职工借款除了打入公务卡情形外，一般不要存入用途杂乱的银行卡，以免节外生枝。

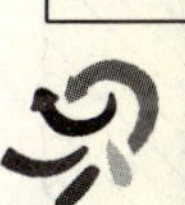

以上将施工项目的各类型的资金往来业务进行了概括归纳。从中不难看出，施工项目资金往来业务的会计核算比较简单，关键是读者要掌握对各类型资金往来业务管理的要点，因为每一个要点都是一些企业用教训买来的，有的时候教训还相当惨重！

第四节 施工项目资金管理的内部控制

施工项目资金管理的内部控制的主要目标是：

第一，保持施工生产各环节资金供求的动态平衡。施工项

目应当将资金合理安排到采购、生产、上缴等各环节，做到实物流和资金流的相互协调、资金收支在数量及时间上相互协调。

第二，促进资金合理循环和周转，提高资金使用效率。资金只有在不断流动的过程中才能带来价值增值。施工项目要努力提高资金周转效率，将短期资金及时上存，避免出现资金闲置和沉淀等低效现象。

第三，确保资金安全。施工项目的资金由于流动性很强，出现错弊的可能性更大，保护资金安全的要求更迫切。

一、施工项目资金收付活动的业务流程

施工项目资金收付活动是一种价值运动，为保证资金价值运动的安全、完整、有效，施工项目资金收付活动应按照设计严密的流程进行控制。而且，施工项目资金收付需要以业务发生为基础，所有的资金收付均应该有真实的业务发生，不能凭空付款或收款。

（一）收款业务流程

施工项目收款业务主要是向客户收取工程款。施工项目在收取工程款时，应该向客户提交收据（有时需要同时开具发票）。施工项目应该使用企业专门印制的连续编号的收据，不得自行印制收据或购买、使用其他收据。施工项目开具收据时，不得跳号开具收据，不得开具印章齐全的空白收据。企业内部审计部门应定期核对施工项目的收据登记簿与实际收款情况是否相符，审查有无收款不入账的情形。

施工项目要特别关注在项目收尾阶段的收款情况，因为这一阶段人员变动可能较多，要防止个别人员与客户串通将工程款转移挪用。施工企业应当定期与往来客户通过函证等方式，核对应收账款、应收票据、预收账款等往来款项。如有不符，应当查明原因，及时处理。

（二）付款业务流程

施工项目资金支付涉及企业经济利益流出，应严格履行申请、审批、复核、支付的业务流程。

1. 支付申请

企业有关部门或个人用款时，应当提前向经授权的审批人提交货币资金支付申请，注明款项的用途、金额、预算、限额、支付方式等内容，并附有效经济合同、原始单据或相关证明。

2. 支付审批

审批人根据其职责、权限和相应程序对支付申请进行审批。不同责任人应该在自己授权范围内，审核业务的真实性、金额的准确性，以及申请人提交票据或者证明的合法性，严格监督资金支付。对不符合规定的货币资金支付申请，审批人应当拒绝批准，性质或金额重大的，还应及时报告有关部门。

3. 支付复核

财务部门收到经过企业授权部门或人员审批签字的相关凭证或证明后，应再次复核业务的真实性、金额的准确性，以及相关票据的齐备性、相关手续的合法性和完整性，并签字认可。复核无误后，交由出纳人员等相关负责人员办理支付手续。

4. 办理支付

出纳人员应当根据复核无误的支付申请，在收款人签字后，根据相关凭证支付资金，并及时登记现金和银行存款日记账。

二、资金收付活动的关键控制点及控制措施

（一）审批环节关键控制点

把收支审批环节作为关键点，是为了控制资金的流入和流出。施工项目的资金使用必须与企业的全面预算管理相一致，服从并服务于企业整体发展战略。施工项目应认真做好项目资金预算和

计划，以与客户结算预算、采购预算、人工预算、费用预算等为基础，构建全面的资金预算体系，事先掌握各项资金收支的变动趋势，预先消除影响项目资金运转的消极因素，提高企业营运效率。施工项目要服从企业的资金集中调度管理，通过资金在企业内部的灵活调度，调剂各项目之间的资金余缺，提高资金效益。

审批权限的合理划分是资金营运活动业务顺利开展的前提条件。施工项目的职责分工、权限范围和审批程序应当明确，机构设置和人员配备应当科学合理。施工企业通常应确定施工项目经理为资金收付活动的审批人，重大资金支付业务应该由党政领导集体研究，实行会议联签制度。强化资金预算管理，保证资金整体平衡。

审批环节关键控制点包括：制定资金的限制接近措施，经办人员进行业务活动时应该得到授权审批，任务未经授权的人员不得办理资金收支业务；使用资金的部门应提出用款申请，记载用途、金额、时间等事项；经办人员在原始凭证上签章；经办部门负责人和财务部门负责人审核并签章。

实行网上交易、电子支付等方式办理货币资金支付业务的企业，应当与承办银行签订网上银行操作协议，明确双方在资金安全方面的责任与义务、交易范围等。操作人员应当根据操作授权和密码进行规范操作。使用网上交易、电子支付方式的企业办理货币资金支付业务，不应因支付方式的改变而随意简化、变更支付货币资金所必需的授权批准程序。企业在严格实行网上交易、电子支付操作人员不相容岗位相互分离控制的同时，应当配备专人加强对交易和支付行为的审核。

（二）复核环节关键控制点

复核控制点是减少错误和舞弊的重要措施。根据企业内部层级的隶属关系可以划分为纵向复核和横向复核两种类型。前者是指上级主管对下级活动的复核；后者是指平级或无上下级关系人员的相互核对，如财务系统内部的核对。

复核环节关键控制点包括：资金营运活动会计主管审查原始凭证反映的收支业务是否真实合法，经审核通过并签字盖章后才能填制原始凭证；凭证上的主管、审核、出纳和制单等印章是否齐全。

（三）收付环节关键控制点

资金的收付导致资金流入流出，反映着资金的来龙去脉。该环节关键控制点包括：出纳人员按照审核后的原始凭证收付款，并对已完成收付的凭证加盖戳记，并登记日记账；主管会计人员及时准确地记录在相关账簿中，定期与出纳人员的日记账核对。

（四）记账环节关键控制点

资金的凭证和账簿是反映企业资金流入流出的信息源，如果记账环节出现管理漏洞，很容易导致整个会计信息处理结果失真。

记账环节关键控制点包括：出纳人员根据资金收付凭证登记日记账，会计人员根据相关凭证登记有关明细分类账；主管会计登记总分类账。

（五）对账环节关键控制点

对账是账簿记录系统的最后一个环节，也是报表生成前一个环节，对保证会计信息的真实性具有重要作用。

对账环节关键控制点包括：账证核对、账账核对、账表核对、账实核对等。施工项目应当指定专人定期核对银行账户，每月至少核对一次，编制银行存款余额调节表，并指派对账人员以外的其他人员进行审核，确定银行存款账面余额与银行对账单余额是否调节相符。如调节不符，应当查明原因，及时处理。应当加强对银行对账单的稽核和管理，出纳人员不得同时从事银行对账单的获取、银行存款余额调节表的编制等工作。应当定期和不定期

地进行现金盘点，确保现金账面余额与实际库存相符，发现不符，及时查明原因，作出处理。

（六）银行账户管理关键控制点

施工企业应当严格按照《支付结算办法》等国家有关规定，加强银行账户的管理，严格按规定开立账户，办理存款、取款和结算。银行账户管理的关键控制点包括：银行账户的开立、使用和撤销是否有授权，下属企业或单位是否有账外账。银行账户的开立应当符合企业经营管理实际需要，禁止施工项目自行开立银行账户、随意开立多个账户。

施工企业应当定期检查、清理各施工项目银行账户的开立及使用情况，发现未经审批擅自开立银行账户或者不按规定及时清理、撤销银行账户等问题，应当及时处理并追究有关责任人的责任。

（七）印章与票据环节关键控制点

印章是明确责任、表明业务执行及完成情况的标记。印章的保管要贯彻不相容职务相分离的原则，财务专用章应当由专人保管，个人名章应当由本人或其授权人员保管，不得由一个人保管支付款项所需的全部印章。按规定需要由有关负责人签字或盖章的经济业务与事项，必须严格履行签字或盖章手续。

印章要与空白票据分管。施工项目应当加强与货币资金相关的票据的管理，明确各种票据的购买、保管、领用、背书转让、注销等环节的职责权限和处理程序，并专设登记簿进行完整记录，防止空白票据的遗失和被盗用。施工项目中因填写、开具失误或者其他原因导致作废的法定票据，应当按规定予以保存，不得随意处置或销毁。对超过法定保管期限、可以销毁的票据，在履行审核批准手续后进行销毁，但应当建立销毁清册并由授权人员监销。施工项目应当设立专门的账簿对票据的转交进行登记；对收取的重要票据，应留有复印件并妥善保管；不得跳号开具票据，不得随意开具印章齐全的空白支票。

第五节　施工项目资金管理要领

在介绍这个问题之前，我们不妨研读一下近几年审计署对重点建设项目审计中指出的施工企业在财务管理方面存在的问题。

554 座病险水库除险加固工程审计调查结果（2009 年第 7 号）

财务管理不严格、不规范。抽查 220 个水库项目的财务管理情况发现，部分项目存在白条和虚假发票抵账、大额提取现金和建设资金被侵占、出借、挪用现象，其中 51 个项目的 5 658 万元建设资金被侵占，42 个项目的 15 311 万元建设资金被出借或挪用，55 个项目的 21 407 万元建设资金被财政部门和上级主管部门滞留达半年以上。

京沪高速铁路建设项目跟踪审计结果（2010 年第 2 号）

部分施工单位使用不符合国家规定的发票入账结算。在材料采购、货物运输、机械设备租赁等业务中，中水集团、中铁十六局等 17 家施工单位项目部使用不符合国家规定的发票入账结算，总金额达 5.2 亿元。对使用不符合国家规定发票入账结算 5.2 亿元的问题，施工单位已纠正 4.56 亿元，其余 0.64 亿元正在整改，相关违法违纪人员已移送司法机关处理。

从这两份审计结果公告中，我们是否能够“听出”一些“弦外之音”呢？审计署在连续两年的重大建设项目的审计结果公告中，都指出了施工企业财务管理的同一类问题：用白条和虚假发

票入账。那么，施工企业为什么要用白条和虚假发票入账呢？仅仅是为了“省”税吗？笔者认为并非这么简单。

从审计署审计长在《关于2009年度中央预算执行和其他财政收支的审计工作报告》中指出目前施工企业“违规转分包等问题比较普遍”的现状来看，施工企业肯定会大量采用白条形式入账，因为在违规转分包的情形下，施工企业很难从税务机关开出合法合规的发票，一般会大量地使用双方内部结算用的“验工计价表”入账。因此，笔者认为，施工项目采用不符合国家规定的发票入账的金额会远远高于审计结果公布的金额。

那么，审计署公布数据的“白条”、“虚假发票”、“不符合国家规定的发票”的内容应该是什么呢？如果我们联系“大额提取现金和建设资金被侵占、出借、挪用”和“相关违法违纪人员已移送司法机关处理”等字眼来判断，就应该知道答案了。笔者据此分析判断，审计署公布的这个数据应该是施工企业通过“白条”、“虚假发票”、“不符合国家规定的发票”违法违规使用国家建设资金的数额。如果我们再联系《34个高等级公路项目建设管理及投资效益情况的审计结果》（2007年第2号）中指出的“审计还发现，一些单位和个人，以‘中介服务’为幌子，采取各种手段‘帮助’施工单位中标，从中收取好处费1 374万元”，就会更加加深这个判断。试问：施工企业支付这种“中介服务费”能取得合法合规的发票吗？

综上，可以看出施工企业财务管理存在的问题，看似是票据不合规的问题，实则是资金使用出现了问题。笔者在长期的财务实践中，将施工项目资金使用需要注意的问题概括为两点：流向合理、用途合法。

一、资金流向合理

资金流向合理是施工项目资金管理必须关注的首要问题。很多施工项目在审计中出现这样那样的问题都与资金流向不合理有关。具体来讲，要做到以下几点。

（一）对外支付款项必须从本项目账户支付，不能借用其他单位账户支付

施工项目对外支付款项，必须从本项目账户支付。如若不然，可能会给企业造成损失。比如，某项目在支付所欠分包单位款项时，没有通过本项目账户支付，而是通过与项目有资金往来的材料供应商账户支付，事后，与该分包单位发生经济纠纷，分包单位拒不承认收到该笔代付的款项，而某项目又不能提供已经支付的证据，给企业造成经济损失。

（二）对外支付款项必须支付到发票列明的销货单位的银行账户

这里其实涉及三个"一致"，一是发票上的销货单位必须与购销合同上的销货单位一致，有些时候，合同是跟"甲公司"签订的，而提供的发票却是"乙公司"的，即借用发票问题，这是不允许的。另一个"一致"是资金的去向必须与发票上的销货单位一致，要严格按照发票上的销货单位的账户付款，不能将资金打入其他单位甚至是个人的账户，也不能支付现金。当然，做到了前两个"一致"，也就自然有了第三个"一致"，即资金的去向和购销合同上的销货单位一致。

（三）用转账支票付款要取得银行进账单的回单联

转账支票的银行进账单一般有三联，第一联是开户银行交给持（出）票人的回单，第二联由收款人开户银行作贷方凭证，第三联是收款人开户银行交给收款人的收账通知。很多施工项目用转账支票形式付款时，只用转账支票的票根作为付款凭据，银行资金的真正去向无法掌握。甚至有的企业用假票根记账，套取银行资金或者用于其他非法用途，实际上就是掩耳盗铃。比如，上

面提到的施工企业支付“中介服务费”问题，因为此种行为是违法的，所以很可能施工企业为了“掩饰”，可能用假支票票根记账，但是，这种掩饰只能是欺骗自己，而骗不了审计机关。

（四）收款方的账户必须与施工企业有关

受目前建筑市场的大环境影响，施工项目在支付各类款项时委托付款的行为比较普遍。但是，即使是委托付款，收款方账户也必须与施工企业有关。实务中，有的施工项目将建设资金支付到“某某茶楼”等，如支付金额较大，将会给企业带来麻烦。

二、资金用途合法

近几年，工程建设领域腐败现象频出，所发生的腐败行为基本上都是权钱交易。所以，施工企业一定要把好资金使用关，保证资金使用的合法、合规。在资金支付、审批过程中，一定要关注虚假的分包合同、采购发票，防止不法分子套取资金。施工企业套取建设资金用于非法活动的常见形式有如下几种。

（一）利用虚假验工计价套取资金

有的施工企业通过虚假验工计价，套取建设资金。此种情形下，财务把关审核的重点是，审查验工计价的内容是否符合现场实际完成的工程量，审查领取工程款的人是否是合同的签订人，工程款是否按照合同约定打入了分包单位的账户。

（二）利用虚假发票套取资金

此种情形下，财务审核把关的重点是：第一，要鉴别发票的真伪，一般来讲，发票是假的，就有可能存在违法违纪的行为；第二，要鉴别业务的真实，不真实的业务，即使取得真发票，也肯定存在违法违纪的行为。在实践中，要特别注意，大额的办公费、劳保费、咨询费等发票，如果缺乏相应合法的支持性证据，就需要关注其合法性。

（三）利用转移资产套取资金

此种情形下，财务审核把关的重点是调查了解施工项目是否有变卖材料的行为及变卖的材料是否及时入账。财产清查也能发现是否有这种行为，因为既然财产已经转移变卖了，实物肯定和账簿对不上了。

CHAPTER

3 第三章 生产要素的管理与核算

施工生产的过程是施工企业按照客户的要求，由劳动力利用施工设备将材料物资构筑成建筑产品的过程。所以，劳动力、材料物资、施工设备构成了施工生产的三大要素。三大要素的管理水平决定着施工企业的管理水平，三大要素的实力决定着施工企业的实力。

本章的学习目标是：

1. 掌握劳动力的管理与核算要点
2. 掌握材料的管理与核算要点
3. 掌握固定资产的管理与核算要点

第一节　劳动力的管理与核算

施工企业是劳动密集型企业，劳动力是施工企业的重要生产要素。

施工企业的劳动力具有以下特点：

一是人数众多。施工高峰期，一个施工项目的劳动力就能多达上千人，甚至几千人，而一家施工企业常常有四五十个项目，可见人数众多是其重要特点。

二是文化素质不高。施工企业的劳动力大部分是来源于人口输出大省的农民工，有些农民工甚至是利用农闲时间，放下锄头就进了工地现场。劳动力受教育程度偏低，文化素质不高是其另一个重要特点。

三是流动性强。由于是农民工，家里还有“一亩三分地”，所以流动性强又成为其一个重要特点。

一、充分认识农民工问题的重要性

党中央、国务院高度重视农民工问题。2010 年 2 月 15 日，中共中央总书记、国家主席、中央军委主席胡锦涛到中国铁建施工的福建厦门翔安海底隧道工地视察，满怀深情地说：“农民工是改革开放进程中成长起来的一支新型劳动大军，在我国社会主义现代化建设成就中凝聚着广大农民工的辛劳和贡献。各级党委、政府要更加重视、关心农民工，及时维护广大农民工的合法权益，帮助广大农民工提高技艺技能和社会适应能力，使农民工在我国的经济社会发展当中发挥更大作用。”2010 年 6 月 14 日，中共中央政治局常委、国务院总理温家宝视察中国铁建十四局集团施工的北京地铁 6 号线平安里车站时郑重地说：“农民工是当代中国产业工人的主力军，我们的社会财富、高楼大厦都凝聚着你们的辛勤劳动和汗水，你们的劳动是光荣的，应该得到全社会的尊重。社会各界都要关心、爱护、尊重农民工，尤其是年青一代的农民工。”

施工企业各级管理者必须把思想统一到党中央、国务院的号召和部署上来，切实重视、关心农民工的切实利益、合法权益，准确把握目前我国关于农民工问题的现状和政策。

（一）国家高度关注拖欠农民工工资问题

根据国家劳动和社会保障部的有关资料显示，近年来，各地各部门发挥政府主导作用，通过联合执法、集中整治和日常督查等措

施，共清理补发农民工工资430多亿元，其中，建设领域330多亿元。目前，全国已有27个省区市以建筑行业为重点建立了工资保证金制度和工资支付监控制度。吉林省连续3年实现农民工工资当期支付率100%。广东省率先实行行政司法联动，打击恶意欠薪逃匿机制，2006年以来，共追回欠薪4 671万元。黑龙江省率先在全国以省政府令的形式出台了《黑龙江省农民工工资保障规定》，截至2009年年底，全省累计收缴农民工工资保障金8.83亿元。北京、天津等地推行建筑业农民工工资卡、信息卡、劳动计酬手册等制度。新疆生产建设兵团实行了工资打卡制度和欠薪“黑名单”制度。河北、广西、甘肃等地利用人民银行征信体系预防和解决拖欠农民工工资问题。这些措施有效保障了农民工按时足额领到工资。

2009年以来，各地欠薪举报投诉大为减少，大规模的欠薪现象得到遏制。劳动和社会保障部有关负责人提出，下一步农民工工作将以预防欠薪为重点，进一步解决农民工工资拖欠和偏低的问题。要制定和落实《关于建立健全工资保证金制度的意见》，进一步拓展工资保证金范围，加大拖欠工资案件的查处力度。在农民工流动性大、季节性强、签约时间短的建筑、矿山、餐饮服务等行业都要建立工资保证金制度。

（二）农民工“三低一多”的问题仍然存在

“三低一多”是指农民工劳动合同签订率低、工资水平偏低、参加社会保险的比例较低，职业病和工伤事故较多。劳动和社会保障部有关负责人提出，下一步农民工工作将以农民工签订劳动合同为重点，加强农民工劳动管理。充分利用贯彻《中华人民共和国劳动合同法》（以下简称《劳动合同法》）的时机，积极推动各类用工单位与农民工依法签订劳动合同。2010年农民工工作的一项重点攻坚任务就是督促各类用人单位与农民工签订劳动合同，大幅提高农民工劳动合同签订率。以扩大农民工参加工伤保险为重点，积极稳妥地解决农民工社会保障问题。2010 年要重点扩大农民工参加工伤保险的覆盖面，实现煤矿、非煤矿山、易燃易爆、危险化学品、交通运输和建筑施工企业农民工参加工伤保险的目标。

（三）农民工恶意讨薪现象时有发生

当前，个别民营企业雇用农民工以讨要农民工工钱名义恶意上访的情况时有发生。如 2010 年 7 月，内蒙古和安徽两家民营建筑公司法人代表，为额外索要工程款，分别雇用 30 多人和 100 多人进京恶意上访，长时间滞留，已被北京市公安部门查实并处理。2010 年 8 月，沈阳市农民工维权中心联合沈阳市公安局，挫败了一起包工头组织、雇佣、煽动农民工群体恶意讨薪的案件。2010 年 8 月 12 日下午，沈阳市棋盘山欧风小镇工地的百余名工人到市农民工维权中心投诉被欠薪 171 万元。市农民工维权中心立即进行协调，开发单位沈阳圣地雅阁房地产开发有限公司同意先拿出 80 万元，农民工们也同意了协调结果。但之后的 8 月 13 日和 14 日，农民工们连续两天再次来到维权中心，表示不同意协调意见。维权中心与公安部门联合对这些农民工进行审查，才发现这一系列所谓的“讨薪”都是由两个包工头孔令尹和付守军在背后进行组织安排的，为的是从开发商手中拿到由于工程质量问题尚未结算的工程款。经过审查得知，孔令尹和付守军给这些被雇来“讨薪”的农民工每人 50 元报酬，甚至还提供 20 元的盒饭和 10 元到 20 元不等的路费。这些农民工有很多并不是在这个工地工作，很多人的欠条也是假的。孔令尹和付守军被刑事拘留，那些被雇来的农民工在接受了教育后被释放。

二、施工企业使用农民工的原则

（一）遵守法律法规原则

企业用工是企业的一项重要经营活动，必须要在严格的法律

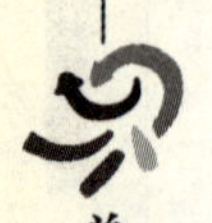

法规的框架内实行，否则，企业将会面临潜在的各种风险。施工企业使用农民工问题，涉及比较多的法律法规有《中华人民共和国劳动法》（以下简称《劳动法》）、《劳动合同法》及建设部等行业主管部门制定的一些规章。实务中，关于如何与农民工签订劳动合同是当前的一个热点问题。

1. 直接雇用农民工必须与农民工签订劳动合同

根据《关于建立和完善劳务分包制度发展建筑劳务企业的意见》（建市〔2005〕131 号），施工总承包、专业承包企业直接雇用农民工，必须签订劳动合同并办理工伤、医疗、或综合保险等社会保险。对施工总承包、专业承包企业直接雇用农民工，不签订劳动合同，或只签订劳动合同不办理社会保险，或只与“包工头”签订劳务合同等行为，均视为违法分包进行处理。

2. 劳动合同必须由具备用工主体资格的用人单位签订

根据《关于加强建设等行业农民工劳动合同管理的通知》（劳社部发〔2005〕9 号），劳动合同必须由具备用工主体资格的用人单位与农民工本人直接签订，不得由他人代签。建筑领域工程项目部、项目经理、施工作业班组、包工头等不具备用工主体资格，不能作为用工主体与农民工签订劳动合同。根据《劳动部关于确立劳动关系有关事项的通知》（劳社部发〔2005〕12 号），建筑施工、矿山企业等用人单位将工程（业务）或经营权发包给不具备用工主体资格的组织或自然人，对该组织或自然人招用的劳动者，由具备用工主体资格的发包方承担用工主体责任。

（二）履行社会责任原则

施工企业要深刻理解履行社会责任的重要意义，牢固树立社会责任意识，高度重视社会责任工作，把履行社会责任提上企业重要议事日程，经常研究和部署社会责任工作，加强社会责任全员培训和普及教育，不断创新管理理念和工作方式，努力形成履行社会责任的企业价值观和企业文化。

使用农民工是企业承担的一项社会责任，要站在维护社会稳定、关心产业工人的高度履行企业应尽的社会责任，保障农民工合法权益。施工企业要依法与职工签订并履行劳动合同，坚持按劳分配、同工同酬，建立工资正常增长机制，按时足额缴纳社会保险。尊重农民工人格，公平对待农民工，杜绝性别、民族、宗教、年龄等各种歧视。加强农民工职业教育培训，创造平等发展机会。为农民工提供安全、健康、卫生的工作条件和生活环境，保障农民工职业健康，预防和减少职业病和其他疾病对农民工的危害，关心农民工生活，切实为农民工排忧解难。

（三）维护企业利益原则

企业是以盈利为目的的社会组织。企业的任何活动都应该在遵循法律法规的前提下，维护企业的合法权益。近几年来，有些别有用心的民营建筑企业或者“包工头”借国家高度重视拖欠农民工工资问题之机，蓄意组织农民工恶意讨薪，不仅给施工企业带来一定的经济损失，还严重影响了施工企业的信誉，施工企业必须拿起法律的利器，依法维护企业的合法权益。

三、施工企业使用农民工的三种形式

根据目前的法律法规，施工企业使用农民工大体可以分为三种形式，一是施工企业直接与农民工签订劳动合同，使农民工成为施工企业的正式工人（以下简称直接签订形式）；二是施工企业通过劳务派遣公司接收农民工，施工企业与劳务派遣公司签订劳务派遣合同（以下简称劳务派遣形式）；三是施工企业与建筑劳务公司签订劳务分包合同，将工程项目的纯劳务部分分包给若干建筑劳务公司（以下简称劳务分包形式）。

(一) 直接签订形式

直接签订形式是指施工企业直接雇用农民工并与所雇用的农民工签订劳动合同的一种用工方式。在这种方式下，农民工通过与施工企业签订劳动合同，成为施工企业的正式员工。

采用直接签订形式的优点有：

第一，由于农民工成为施工企业的正式员工，有助于增强劳务作业人员的归属感和荣誉感；

第二，有利于企业员工的技术培训和企业的技术积累，从而有利于形成企业的核心技术。

采用直接签订形式的缺点有：

第一，容易造成施工企业的人员急剧膨胀，不利于施工企业的人员管理，在施工任务不饱满的情况下，容易形成企业的冗员；

第二，由于很多农民工出来打工的目的主要是利用农闲时间增加收入，一旦纳入正式工管理势必面临各种利益的冲突。

根据《关于加强建设等行业农民工劳动合同管理的通知》(劳社部发〔2005〕9号)，用人单位与农民工签订劳动合同，应当包括以下条款：

(1) 劳动合同期限。经双方协商一致，可以采取有固定期限、无固定期限或以完成一定的工作任务为期限三种形式。无固定期限劳动合同要明确劳动合同的终止条件。有固定期限的劳动合同，应当明确起始和终止时间。双方在劳动合同中可以约定试用期。劳动合同期限半年以内的，一般不约定试用期；劳动合同期限半年以上1年以内的，试用期不得超过30日；劳动合同期限1至2年的，试用期不得超过60日；劳动合同期限2年以上的，试用期最多不得超过6个月。

由于施工项目的特点在于其时限，从施工开始到竣工验收，建设施工合同明确规定了合同工期系以具体的日历天数为计算依据，根据合同工期确定索赔或者奖励。施工企业获得项目以后，一般会“招兵买马”，成立项目部统筹该项目的运作。那么，如何确定这些劳动者的劳动合同期限？根据劳动法律规定，劳动合同期限分为固定期限、无固定期限、以完成一定工作任务为期限。从施工项目的时限特性分析，与劳动者签订“以完成一定工作任务为期限”的劳动合同是适合的。在项目完成以后，与劳动者之间的劳动合同即告终止。而对于专业技术人员，由于该部分人员系施工单位的竞争力所在，也是任何工程项目均要求的硬条件，则可签订固定期限或者无固定期限的劳动合同。

（2）工作内容和工作时间。劳动合同中要明确农民工的工种、岗位和所从事工作的内容。工作时间要按照国家规定执行，法定节日应安排农民工休息。如需安排农民工加班或延长工作时间的，必须按规定支付加班工资。建筑业企业根据生产特点，按规定报劳动保障行政部门批准后，可对部分工种岗位实行综合计算工时工作制。

（3）劳动保护和劳动条件。用人单位要按照安全生产有关规定，为农民工提供必要的劳动安全保护及劳动条件。在农民工上岗前要对其进行安全生产教育。施工现场必须按国家建筑施工安全生产的规定，采取必要的安全措施。用人单位为农民工提供的宿舍、食堂、饮用水、洗浴、公厕等基本生活条件应达到安全、卫生要求，其中建筑施工现场要符合《建筑施工现场环境与卫生标准》（JGJ146—2004）。

（4）劳动报酬。在劳动合同中要明确工资以货币形式按月支付，并约定支付的时间、标准和支付方式。用人单位根据行业特点，经过民主程序确定具体工资支付办法的，应在劳动合同中予以明确，但按月支付的工资不得低于当地政府规定的最低工资标准。已建立集体合同制度的单位，工资标准不得低于集体合同规定的工资标准。

（5）劳动纪律。在劳动合同中明确要求农民工遵守的用人单位有关规章制度，应当依法制定。用人单位应当在签订劳动合同前告知农民工。

（6）违反劳动合同的责任。劳动合同中应当约定违约责任，一方违反劳动合同给对方造成经济损失的，要按《劳动法》等有关法律规定承担赔偿责任。

根据不同岗位的特点，用人单位与农民工协商一致，还可以在劳动合同中约定其他条款。

国家协调劳动关系三方会议办公室于2009年3月6日印发了《关于推荐使用简易劳动合同文本的通知》，以下是建筑业简易劳动合同的参考文本，供建筑施工企业与生产操作类岗位的劳动者签订劳动合同时参考使用，主要适用于来自农村的务工人员等流动性较大的劳动者。

建筑业简易劳动合同

（参考文本）

甲方（用人单位）名称：____________

法定代表人（主要负责人）或者委托代理人________

注册地址____________

联系电话____________

乙方（劳动者）姓名：____________

居民身份证号____________

户口所在地________省（市）________区（县）________乡镇________村

邮政编码____________

现住址____________联系电话________

根据《劳动法》、《劳动合同法》及有关规定，甲乙双方遵循

平等自愿、协商一致的原则签订本合同。

一、合同期限

第一条　甲、乙双方选择以下第____种形式确定本合同期限：

（一）有固定期限：自______年_____月_____日起至______年_____月_____日止。其中试用期自______年______月_____日起至______年_____月_____日止。

（二）无固定期限：自______年_____月_____日起至依法解除、终止劳动合同时止。其中试用期自______年_____月_____日起至______年_____月_____日止。

（三）以完成一定工作（任务）为期限：自______年_____月_____日起至______________工作（任务）完成时终止。

二、工作内容和工作地点

第二条　甲方招用乙方在______________（项目名称）工程中，从事________________________岗位（工种）工作。

乙方的工作地点为________________________________。

经双方协商一致，可以变更工作岗位（工种）和工作地点。

乙方应认真履行岗位职责，遵守各项规章制度，服从管理，按时完成工作任务。

乙方违反劳动纪律，甲方可依据本单位依法制定的规章制度，给予相应处理。

三、工作时间和休息休假

第三条　甲方安排乙方执行以下第____种工时制度：

（一）执行标准工时制度。乙方每天工作时间不超过 8 小时，每周工作不超过 40 小时。每周休息日为__________。

（二）经当地劳动行政部门批准，执行以________为周期的综合计算工时工作制度。

（三）经当地劳动行政部门批准，执行不定时工作制度。

甲方保证乙方每周至少休息一天。乙方依法享有法定节假日、

产假、带薪年休假等假期。

甲方因施工建设需要，商得乙方同意后，可安排乙方加班。日延长工时、休息日加班无法安排补休、法定节假日加班的，甲方按《劳动法》第四十四条规定支付加班工资。

四、劳动报酬

第四条　甲方采用以下第____种形式向乙方支付工资：

（一）月工资________元，试用期间工资________元。甲方每月____日前向乙方支付工资。

（二）日工资________元，试用期间工资________元。甲方向乙方支付工资的时间为每月____日。

（三）计件工资。计件单价约定为________。

甲方生产经营任务不足，乙方同意待岗的，甲方向乙方支付的生活费为________元。待岗期间乙方仍需履行除岗位工作外的其他义务。

五、社会保险

第五条　甲乙双方按国家规定参加社会保险。甲方为乙方办理有关社会保险手续，并承担相应的社会保险义务。乙方应缴的社会保险费由甲方代扣代缴。

乙方患病或非因工负伤的医疗待遇按国家有关规定执行。

乙方因工负伤或患职业病的待遇按国家有关规定执行。

乙方在孕期、产期、哺乳期等各项待遇，按国家有关生育保险政策规定执行。

六、劳动保护和劳动条件

第六条　甲方应当在乙方上岗前进行安全生产培训，乙方从事国家规定的特殊工种，应当经过培训并取得相应的职业资格证书方可上岗。

甲方根据生产岗位的需要，按照国家劳动安全卫生的有关规定为乙方配备必要的安全防护设施，发放必要的劳动保护用品。

其中建筑施工现场要符合《建筑施工现场环境与卫生标准》(JGJ146—2004)。对乙方从事接触职业病危害作业的，甲方应按国家有关规定组织上岗前和离岗时的职业健康检查，在合同期内应定期对乙方进行职业健康检查。

甲方依法建立安全生产制度。乙方严格遵守甲方依法制定的各项规章制度，不违章作业，防止劳动过程中的事故，减少职业危害。

乙方有权拒绝甲方的违章指挥，对甲方及其管理人员漠视乙方安全健康的行为，有权提出批评并向有关部门检举控告。

七、解除和终止

第七条　本劳动合同的解除或终止，依《劳动合同法》规定执行。

八、劳动争议处理

第八条　甲乙双方发生劳动争议，可以协商解决，也可以依照《劳动争议调解仲裁法》的规定通过申请调解、仲裁和提起诉讼解决。

九、其他

第九条　甲乙双方约定的其他事项

____

____。

第十条　本劳动合同一式二份，甲乙双方各执一份。

本劳动合同自甲乙双方签字、盖章之日起生效。

甲方（公章）　　　　　　　　乙方（签字或盖章）

法定代表人或委托代理人

（签字或盖章）

签订日期：　　　　年　　月　　日

（二）劳务派遣形式

施工企业对于临时性、替代性、辅助性的相关工作，可以与

劳务派遣公司合作实施劳务派遣。

采用劳务派遣形式的优点是：

第一，避免了施工企业直接用工的麻烦和风险，所需要的人员能够迅速组织，减轻了企业在施工任务不饱满情况下企业冗员的可能；

第二，回避了施工企业直接组织用工时关于劳务作业人员社保费用等的麻烦。

采用劳务派遣形式的缺点是：

第一，不利于企业的技术积累和核心技术保密，由于劳务派遣人员所供职的用工单位相对不固定，很可能造成其在甲企业学的技术用到了乙企业；

第二，如果劳务派遣公司不及时给劳务作业人员发放工资、缴纳社会保险，可能会给施工企业造成风险。

根据《劳动合同法》的规定，劳务派遣应遵循以下规定：

第一，劳务派遣单位应当依照公司法的有关规定设立，注册资本不得少于五十万元。

第二，劳务派遣单位是《劳动合同法》所称用人单位，应当履行用人单位对劳动者的义务。劳务派遣单位与被派遣劳动者订立的劳动合同，应当载明被派遣劳动者的用工单位以及派遣期限、工作岗位等情况。

第三，劳务派遣单位应当与被派遣劳动者订立两年以上的固定期限劳动合同，按月支付劳动报酬；被派遣劳动者在无工作期间，劳务派遣单位应当按照所在地人民政府规定的最低工资标准，向其按月支付报酬。

第四，劳务派遣单位派遣劳动者应当与接受以劳务派遣形式用工的单位（以下称用工单位）订立劳务派遣协议。劳务派遣协议应当约定派遣岗位和人员数量、派遣期限、劳动报酬和社会保险费的数额与支付方式以及违反协议的责任。用工单位应当根据工作岗位的实际需要与劳务派遣单位确定派遣期限，不得将连续用工期限分割订立数个短期劳务派遣协议。

实践中，各地劳动和社会保障部门为规范用人单位劳务派遣行为，指导劳务派遣单位与用工单位依法签订劳务派遣协议，劳务派遣单位与劳动者依法签订劳动合同，拟定了《劳务派遣协议书》（示范文本）和《劳务派遣人员劳动合同书》（示范文本），对施工企业正确采用劳务派遣形式招录农民工问题具有很大的参考意义。以下是四川省劳动和社会保障厅制定的两个范本，供读者在实务中参考。

劳务派遣协议书

（示范文本）

甲方（派遣单位）名称：

住所：

法定代表人（委托代理人）：

联系电话：

乙方（用工单位）名称：

住所：

法定代表人（委托代理人）：

联系电话：

根据《中华人民共和国劳动合同法》等法律法规规定，甲乙双方经过平等协商，订立本协议，并承诺共同遵守。

一、劳务派遣合同期限

甲方按照乙方要求从　　年　　月　　日起派遣　　名劳务人员到乙方工作，派遣期至　　年　　月　　日止。

二、劳务人员的派遣与变更

（一）乙方要求甲方派遣的劳务人员必须符合以下条件：

（二）甲方负责按照上述条件组织派遣劳务人员。派遣的劳务人员一经确定，甲乙双方应拟订《劳务派遣人员清单及岗位》，并签字、盖章作为本协议的附件。甲乙双方按照本协议约定对被派遣的劳务人员进行变更的，要相应修改《劳务派遣人员清单及岗位》，并须经双方签字、盖章认可。

三、劳务费用标准及结算

（一）劳务费用标准：乙方按照每人每月　　　　元标准向甲方支付劳务费用，劳务费用包括应支付甲方派遣的劳务人员的工资、应缴纳的各项社会保险费及其他费用。

（二）结算时间和方式：乙方每月　　　　　日前以银行转账方式将本月劳务费用一次性支付到甲方账户。

四、甲方的权利和义务

（一）乙方如有违反本协议、拖欠各类应付费用以及违反劳动保障政策损害劳务派遣人员合法权益行为的，甲方可依法向乙方交涉，要求乙方继续履行义务并按实际损失的情况向乙方索赔。

（二）甲方可以采取多种形式了解乙方使用劳务派遣人员的情况，乙方应予以配合；甲方应配合乙方做好劳务派遣人员的管理工作，协助乙方教育劳务派遣人员遵守相关法律、法规和乙方依法制定的规章制度。

（三）甲方应与劳务派遣人员依法签订二年以上的固定期限劳动合同。

（四）甲方应以法定货币形式按月支付劳务派遣人员工资，不得克扣或无故拖欠。甲方应执行有关最低工资的规定。

（五）甲方应按国家和四川省有关规定为劳务派遣人员办理各项社会保险。

五、乙方的权利和义务

（一）被派遣劳务人员有《劳动合同法》第三十九条第（二）、

（三）、（六）项和第四十条第（一）、第（二）项规定情形的，乙方可以将劳务派遣人员退回甲方，并有权要求甲方重新派遣符合条件的劳务人员。

（二）乙方有权查询甲方发放劳务派遣人员的工资和缴纳社会保险费等情况，出现违法现象，乙方可以依法向甲方交涉要求纠正，因此造成乙方损失的，甲方应当给予乙方赔偿。

（三）乙方不得将被派遣劳务人员再派遣到其他用人单位，否则，甲方有权解除合同并要求乙方赔偿损失。

（四）乙方需按本协议规定及时足额向甲方支付劳务费用，不得拖欠。

（五）乙方对劳务派遣人员应当履行下列义务：

1. 执行国家劳动标准，提供相应的劳动条件和劳动保护；

2. 告知被派遣劳务人员的工作要求和劳动报酬；

3. 支付加班费、绩效奖金，提供与工作岗位相关的福利待遇；

4. 对在岗被派遣劳务人员进行工作岗位所必需的培训；

5. 连续用工的，实行正常的工资调整机制。

六、合同的变更、解除、终止

（一）甲乙双方应共同遵守本协议的各项条款。在本协议履行期间，未经对方同意，任何一方不得变更或解除；若一方因法律法规及相关政策改变或不可抗力等因素不能继续履行本协议，应及时通知对方，双方通过协商，可对本协议进行变更或解除。

（二）本协议期满即可终止。

七、其他事项

（一）乙方应在临时性、辅助性、替代性工作岗位上使用劳务派遣人员。“三性”工作岗位的认定按照国家和四川省有关规定执行。

（二）乙方应当根据工作岗位的实际需要与甲方确定派遣期

限，不得将连续用工期限分割订立数个短期劳务派遣协议。

（三）本协议履行过程中，协议有关内容如与国家新颁布的法律、法规不一致的，按新的法律法规政策执行。

（四）本协议附件与正文具有同等效力，未尽事宜由甲乙双方协商一致后书面约定。

（五）本协议一式两份，甲乙双方各执一份，双方签字盖章后生效。

甲方：（盖章） 法定代表人或 委托代理人：（签名） 年　　月　　日	乙方：（盖章） 法定代表人或 委托代理人：（签名） 年　　月　　日

协议书附件：

附件1：双方营业执照复印件、法定代表人身份证复印件等证明资料。

附件2：《劳务派遣人员清单及岗位》

劳动合同书

（示范文本）

（适用劳务派遣人员）

甲方（用人单位）名称：

住所：

法定代表人（委托代理人）：

联系电话：

乙方（劳动者）姓名：

性别：

住址：

居民身份证号码：

联系电话：

甲乙双方根据《中华人民共和国劳动合同法》等法律法规规定，在平等自愿、协商一致的基础上，同意订立本劳动合同（以下简称本合同），共同遵守本合同所列条款。

一、合同类型和期限

第一条　本合同自　　年　　月　　日起至　　年　　月　　止。

二、工作内容和工作地点

第二条　甲方派遣乙方到用工单位工作。具体工作岗位和地点由甲方与用工单位签订的劳务派遣协议确定，但工作岗位和地点需告知乙方。

第三条　乙方应按照用工单位的要求，按时完成规定的工作数量，达到规定的工作标准。

三、工作时间和休息休假

第四条　劳务派遣期间，乙方实行标准工时工作制，每日工作时间不超过8小时，每周不超过40小时，或按用工单位的安排实行其他工时制度。

第五条　乙方在合同期内享受国家规定或用工单位安排的各项休息、休假的权利。

四、劳动报酬

第六条　乙方月工资为　　元，甲方应于每月　　日前支付乙方工资，不得克扣或拖欠。同时，甲方应书面记录支付乙方工资的时间、数额、工作天数、签字等情况，并向乙方提供工资清单备查。

第七条　甲方应在经济效益增长的同时，结合乙方工作年限等因素，适当调整乙方工资。甲方支付乙方的工资不得违反国家有关最低工资的规定。

第八条　乙方依法享受带薪年休假、探亲假、婚假、丧假、计划生育（产）假等假期期间，甲方应按国家和四川省有关规定，支付乙方工资。

第九条　乙方无工作期间，甲方应当按照所在地人民政府公布的最低工资标准，向乙方按月支付报酬。

五、社会保险

第十条　甲方应按国家和四川省有关规定为乙方足额缴纳基本养老、基本医疗、失业、工伤、生育保险费用；社会保险费个人缴纳部分，甲方可从乙方工资中代扣代缴。

六、劳动保护、劳动条件和职业危害防护

第十一条　甲方应当代表乙方要求用工单位严格执行国家和四川省有关劳动保护和职业培训等方面的法律、法规和规章。

七、劳动合同的变更、解除、终止和经济补偿

第十二条　经双方协商一致，可以变更本合同相关内容或解除本合同。符合解除劳动合同的情形出现，双方均可依照《劳动合同法》的规定解除本合同。

第十三条　乙方出现以下情形，甲方不得解除乙方劳动合同：

乙方拒绝用工单位的违章指挥和强令冒险作业；

乙方对用工单位及其管理人员漠视乙方生命安全和身体健康的行为提出批评并向有关部门检举控告。

第十四条　乙方有《劳动合同法》第三十九条第（二）、（三）、（六）项和第四十条第（一）、第（二）项规定情形，被用工单位退回的，甲方可依照《劳动合同法》相关规定，解除本合同。

第十五条《劳动合同法》规定的劳动合同终止情形出现，本合同即行终止。

第十六条　甲方应当在解除和终止劳动合同时，为乙方出具解除或者终止劳动合同的证明，并在十五日内为乙方办理档案和社会保险接续手续。

第十七条　符合《劳动合同法》第四十六条规定情形的，甲方应当向乙方支付经济补偿。逾期不支付的，甲方应按照应付金额50%以上100%以下的标准向乙方加付赔偿金。

第十八条　甲方违法解除和终止本合同，乙方要求继续履行的，甲方应当继续履行；乙方不要求继续履行或者本合同已经不能继续履行的，甲方应按《劳动合同法》第八十七条的规定向乙方支付赔偿金。

八、其他

第十九条　本合同未尽事宜，双方可另协商解决；与今后国家法律、行政法规等有关规定相悖的，按有关规定执行。

第二十条　双方因履行本合同发生争议，当事人可以向劳动争议调解委员会申请调解；调解不成的，可以向劳动争议仲裁委员会申请仲裁。当事人一方也可以直接向劳动争议仲裁委员会申请仲裁。

第二十一条　本合同一式两份，甲乙双方各执一份。

甲方：（盖章） 法定代表人或 （委托代理人）：（签名） 年　月　日	乙方：（签名） 年　月　日

（三）劳务分包形式

施工企业将其承包的某一工程项目分包给若干劳务公司，由施工企业提供施工技术、施工材料并负责工程质量监督，施工劳务由劳务公司的职工提供，劳务公司按照其提供的工程量与施工企业统一结算价款。

采取劳务分包形式的优点是：

第一，按工程量结算价款，比较符合施工企业的惯例；

第二，农民工由劳务公司统一组织，施工企业比较方便管理。

采取劳务分包形式的缺点是：

第一，劳务公司必须具备建筑业资质，而且分包的工程必须符合建筑业的相关管理规定；

第二，如果劳务公司不能按时给劳务作业人员发放工资，容易给施工企业带来麻烦。

国家工商行政管理局又联合制定了建设工程施工劳务分包合同示范文本。由于示范文本具有规范性、系统性、全面性等特点，施工企业在实务中可以参考使用。

建设工程施工劳务分包合同

（示范文本）

工程承包人（施工总承包人或专业工程承（分）包人）：____

劳务分包人：________________________________

依照《中华人民共和国合同法》、《中华人民共和国建筑法》及其他有关法律、行政法规，遵循平等、自愿、公平和诚实信用的原则，鉴于________（以下简称为“发包人”）与工程承包人已经签订施工总承包合同或专业承（分）包合同（以下称为“总（分）包合同”），双方就劳务分包事项协商达成一致，订立本合同。

1. 劳务分包人资质情况

资质证书号码：

发证机关：

资质专业及等级：

复审时间及有效期：

2. 劳务分包工作对象及提供劳务内容

工程名称：

工程地点：

分包范围：

提供分包劳务内容：

3. 分包工作期限

开始工作日期：　　　年　　月　　日

结束工作日期：　　　年　　月　　日

总日历工作天数为：　　　天

4. 质量标准

工程质量：按总（分）包合同有关质量的约定、国家现行的《建筑安装工程施工及验收规范》和《建筑安装工程质量评定标准》，本工作必须达到质量评定________等级。

5. 合同文件及解释顺序

组成本合同的文件及优先解释顺序如下：

(1) 本合同；

(2) 本合同附件；

(3) 本工程施工总承包合同；

(4) 本工程施工专业承（分）包合同。

6. 标准规范

除本工程总（分）包合同另有约定外，本合同适用标准规范如下：

(1)

(2)

7. 总（分）包合同

7.1 工程承包人应提供总（分）包合同（有关承包工程的价格细节除外），供劳务分包人查阅。当劳务分包人要求时，工程承包人应向劳务分包人提供一份总包合同或专业分包合同（有关承包工程的价格细节除外）的副本或复印件。

7.2 劳务分包人应全面了解总（分）包合同的各项规定（有

关承包工程的价格细节除外)。

8. 图纸

8.1 工程承包人应在劳务分包工作开工______天前，向劳务分包人提供图纸______套，以及与本合同工作有关的标准图______套。

9. 项目经理

9.1 工程承包人委派的担任驻工地履行本合同的项目经理为______，职务：______，职称：______。

9.2 劳务分包人委派的担任驻工地履行本合同的项目经理为______，职务：______，职称：______。

10. 工程承包人义务

10.1 组建与工程相适应的项目管理班子，全面履行总（分）包合同，组织实施施工管理的各项工作，对工程的工期和质量向发包人负责。

10.2 除非本合同另有约定，工程承包人完成劳务分包人施工前期的下列工作并承担相应费用：

(1) 在　年　月　日前向劳务分包人交付具备本合同项下劳务作业开工条件的施工场地，具备开工条件的施工场地交付要求为：______；

(2) 在　年　月　日前完成水、电、热、电讯等施工管线和施工道路，并满足完成本合同劳务作业所需的能源供应、通讯及施工道路畅通的时间和质量要求；

(3) 在　年　月　日前向劳务分包人提供相应的工程地质和地下管网线路资料；

(4) 在　年　月　日前完成办理下列工作手续（包括各种证件、批件、规费，但涉及劳务分包人自身的手续除外)：______；

(5) 在　年　月　日前向劳务分包人提供相应的水准点与坐标控制点位置，其交验要求与保护责任为：______；

(6) 在　年　月　日前向劳务分包人提供下列生产、生活临时设施：______，其交验要求与保护责任为：______。

10.3　负责编制施工组织设计，统一制定各项管理目标，组织编制年、季、月施工计划、物资需用量计划表，实施对工程质量、工期、安全生产、文明施工，计量析测、实验化验的控制、监督、检查和验收。

10.4　负责工程测量定位、沉降观测、技术交底，组织图纸会审，统一安排技术档案资料的收集整理及交工验收。

10.5　统筹安排、协调解决非劳务分包人独立使用的生产、生活临时设施、工作用水、用电及施工场地。

10.6　按时提供图纸，及时交付应供材料、设备，所提供的施工机械设备、周转材料、安全设施保证施工需要。

10.7　按本合同约定，向劳务分包人支付劳动报酬。

10.8　负责与发包人、监理、设计及有关部门联系，协调现场工作关系。

11. 劳务分包人义务

11.1　对本合同劳务分包范围内的工程质量向工程承包人负责，组织具有相应资格证书的熟练工人投入工作；未经工程承包人授权或允许，不得擅自与发包人及有关部门建立工作联系；自觉遵守法律法规及有关规章制度。

11.2　劳务分包人根据施工组织设计总进度计划的要求，每月底前______天提交下月施工计划，有阶段工期要求的提交阶段施工计划，必要时按工程承包人要求提交旬、周施工计划，以及与完成上述阶段、时段施工计划相应的劳动力安排计划，经工程承包人批准后严格实施。

11.3　严格按照设计图纸、施工验收规范、有关技术要求及施工组织设计精心组织施工，确保工程质量达到约定的标准；科学安排作业计划，投入足够的人力、物力，保证工期；加强安全

教育，认真执行安全技术规范，严格遵守安全制度，落实安全措施，确保施工安全；加强现场管理，严格执行建设主管部门及环保、消防、环卫等有关部门对施工现场的管理规定，做到文明施工；承担由于自身责任造成的质量修改、返工、工期拖延、安全事故、现场脏乱造成的损失及各种罚款。

11.4 自觉接受工程承包人及有关部门的管理、监督和检查；接受工程承包人随时检查其设备、材料保管、使用情况，及其操作人员的有效证件、持证上岗情况；与现场其他单位协调配合，照顾全局。

11.5 按工程承包人统一规划堆放材料、机具，按工程承包人标准化工地要求设置标牌，搞好生活区的管理，做好自身责任区的治安保卫工作。

11.6 按时提交报表、完整的原始技术经济资料，配合工程承包人办理交工验收。

11.7 做好施工场地周围建筑物、构筑物和地下管线和已完工程部分的成品保护工作，因劳务分包人责任发生损坏，劳务分包人自行承担由此引起的一切经济损失及各种罚款。

11.8 妥善保管、合理使用工程承包人提供或租赁给劳务分包人使用的机具、周转材料及其他设施。

11.9 劳务分包人须服从工程承包人转发的发包人及工程师的指令。

11.10 除非本合同另有约定，劳务分包人应对其作业内容的实施、完工负责，劳务分包人应承担并履行总（分）包合同约定的、与劳务作业有关的所有义务及工作程序。

12. 安全施工与检查

12.1 劳务分包人应遵守工程建设安全生产有关管理规定，严格按安全标准进行施工，并随时接受行业安全检查人员依法实施的监督检查，采取必要的安全防护措施，消除事故隐患。由于劳务分包人安全措施不力造成事故的责任和因此而发生的费用，由劳务分包人承担。

12.2 工程承包人应对其在施工场地的工作人员进行安全教育，并对他们的安全负责。工程承包人不得要求劳务分包人违反安全管理的规定进行施工。因工程承包人原因导致的安全事故，由工程承包人承担相应责任及发生的费用。

13. 安全防护

13.1 劳务分包人在动力设备、输电线路、地下管道、密封防震车间、易燃易爆地段以及临街交通要道附近施工时，施工开始前应向工程承包人提出安全防护措施，经工程承包人认可后实施，防护措施费用由工程承包人承担。

13.2 实施爆破作业，在放射、毒害性环境中工作（含储存、运输、使用）及使用毒害性、腐蚀性物品施工时，劳务分包人应在施工前10天以书面形式通知工程承包人，并提出相应的安全防护措施，经工程承包人认可后实施，由工程承包人承担安全防护措施费用。

13.3 劳务分包人在施工现场内使用的安全保护用品（如安全帽、安全带及其他保护用品），由劳务分包人提供使用计划，经工程承包人批准后，由工程承包人负责供应。

14. 事故处理

14.1 发生重大伤亡及其他安全事故，劳务分包人应按有关规定立即上报有关部门并报告工程承包人，同时按国家有关法律、行政法规对事故进行处理。

14.2 劳务分包人和工程承包人对事故责任有争议时，应按相关规定处理。

15. 保险

15.1 劳务分包人施工开始前，工程承包人应获得发包人为施工场地内的自有人员及第三人人员生命财产办理的保险，且不

需劳务分包人支付保险费用。

15.2　运至施工场地用于劳务施工的材料和待安装设备，由工程承包人办理或获得保险，且不需劳务分包人支付保险费用。

15.3　工程承包人必须为租赁或提供给劳务分包人使用的施工机械设备办理保险，并支付保险费用。工程承包人自行投保的范围（内容）为：______。

15.4　劳务分包人必须为从事危险作业的职工办理意外伤害保险，并为施工场地内自有人员生命财产和施工机械设备办理保险，支付保险费用。劳务分包人自行投保的范围（内容）为：______。

15.5　保险事故发生时，劳务分包人和工程承包人有责任采取必要的措施，防止或减少损失。

16. 材料、设备供应

16.1　劳务分包人应在接到图纸后______天内，向工程承包人提交材料、设备、构配件供应计划（具体表式见附件一）；经确认后，工程承包人应按供应计划要求的质量、品种、规格、型号、数量和供应时间等组织货源并及时交付；需要劳务分包人运输、卸车的，劳务分包人必须及时进行，费用另行约定。如质量、品种、规格、型号不符合要求，劳务分包人应在验收时提出，工程承包人负责处理。

16.2　劳务分包人应妥善保管、合理使用工程承包人供应的材料、设备。因保管不善发生丢失、损坏，劳务分包人应赔偿，并承担因此造成的工期延误等发生的一切经济损失。

16.3　工程承包人委托劳务分包人采购下列低值易耗性材料（列明名称、规格、数量、质量或其他要求）：

______________________采购材料费用为：(单价)

______________________采购材料费用为：(单价)

______________________采购材料费用为：(单价)

______________________采购材料费用为：(单价)

16.4　工程承包人委托劳务分包人采购低值易耗性材料的费用，由劳务分包人凭采购凭证，另加______%的管理费向工程承包人报销。

17. 劳务报酬

17.1　本工程的劳务报酬采用下列任何一种方式计算：

(1) 固定劳务报酬（含管理费）；

(2) 约定不同工种劳务的计时单价（含管理费），按确认的工时计算；

(3) 约定不同工作成果的计件单价（含管理费），按确认的工程量计算。

17.2　本工程的劳务报酬，除本合同17.6规定的情况外，均为一次包死，不再调整。

17.3　采用第（1）种方式计价的，劳务报酬共计______元。

17.4　采用第（2）种方式计价的，不同工种劳务的计时单价分别为：

______________________，单价为________元；

______________________，单价为________元；

______________________，单价为________元；

______________________，单价为________元；

______________________，单价为________元。

17.5　采用第（3）种方式计价的，不同工作成果的计件单价分别为：

______________________，单价为________元；

______________________，单价为________元；

______________________，单价为________元；

______________________，单价为________元；

______________________，单价为________元。

17.6　在下列情况下，固定劳务报酬或单价可以调整：

（1）以本合同约定价格为基准，市场人工价格的变化幅度超过______%，按变化前后价格的差额予以调整；

（2）后续法律及政策变化，导致劳务价格变化的，按变化前后价格的差额予以调整；

（3）双方约定的其他情形：____________________

18. 工时及工程量的确认

18.1 采用固定劳务报酬方式的，施工过程中不计算工时和工程量。

18.2 采用按确定的工时计算劳务报酬的，由劳务分包人每日将提供劳务人数报工程承包人，由工程承包人确认。

18.3 采用按确认的工程量计算劳务报酬的，由劳务分包人按月（或旬、日）将完成的工程量报工程承包人，由工程承包人确认。对劳务分包人未经工程承包人认可，超出设计图纸范围和因劳务分包人原因造成返工的工程量，工程承包人不予计量。

19. 劳务报酬的中间支付

19.1 采用固定劳务报酬方式支付劳务报酬的，劳务分包人与工程承包人约定按下列方法支付：

（1）合同生效即支付预付款______元；

（2）中间支付：

第一次支付时间为____年____月____日，支付______元；

第二次支付时间为____年____月____日，支付______元；

……

19.2 采用计时单价或计件单价方式支付劳务报酬的，劳务分包人与工程承包人双方约定支付方法为__________。

19.3 本合同确定的劳务报酬、工程变更调整的劳务报酬及其他条款中约定的追加劳务报酬，应与上述劳务报酬同期调整支付。

20. 施工机具、周转材料供应

20.1 工程承包人提供给劳务分包人劳务作业使用的机具、

设备，性能应满足施工的要求，及时运入场地，安装调试完毕，运行良好后交付劳务分包人使用。周转材料、低值易耗材料（由工程承包人依据本合同委托劳务分包人采购的除外）应按时运入现场交付劳务分包人，保证施工需要。如需要劳务分包人运输、卸车、安拆调试时，费用另行约定。

20.2　工程承包人应提供施工使用的机具、设备一览表见附件二。

20.3　工程承包人应提供的周转材料、低值易耗材料一览表见附件三。

21. 施工变更（略）

22. 施工验收（略）

23. 施工配合（略）

24. 劳务报酬最终支付（略）

25. 违约责任（略）

26. 索赔（略）

27. 争议

27.1　工程承包人和劳务分包人在履行合同时发生争议，可以自行和解或要求有关主管部门调解，任何一方不愿和解、调解或和解、调解不成的，双方约定采用下列第______种方式解决争议：

（1）双方达成仲裁协议，向______仲裁委员会申请仲裁；

（2）向有管辖权的人民法院起诉。

27.2　发生争议后，除非出现下列情况，双方都应继续履行合同，保持工作连续，保护好已完工作成果：

（1）单方违约导致合同确已无法履行，双方协议终止合同；

（2）调解要求停止合同工作，且为双方接受；

（3）仲裁机构要求停止合同工作；

（4）法院要求停止合同工作。

28. 禁止转包或再分包

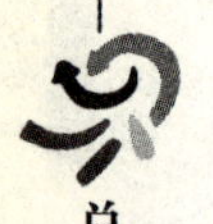

28.1　劳务分包人不得将本合同项下的劳务作业转包或再分包给他人。否则，劳务分包人将依法承担责任。

29. 不可抗力（略）

30. 文物和地下障碍物（略）

31. 合同解除（略）

32. 合同终止

32.1　双方履行完合同全部义务，劳务报酬价款支付完毕，劳务分包人向工程承包人交付劳务作业成果，并经工程承包人验收合格后，本合同即告终止。

33. 合同份数

33.1　本合同正本两份，具有同等效力，由工程承包人和劳务分包人各执一份；本合同副本______份，工程承包人执______份，劳务分包人执______份。

34. 补充条款

35. 合同生效

合同订立时间：______年______月______日

合同订立地点：____________________

本合同双方约定________后生效。

附件一：工程承包人供应材料、设备、构配件计划（略）

附件二：工程承包人提供施工机具、设备一览表（略）

附件三：工程承包人提供周转、低值易耗料一览表（略）

工程承包人：（公章）	劳务分包人：（公章）
住　　所：	住　　所：
法定代表人：	法定代表人：
委托代理人：	委托代理人：
开户银行：	开户银行：
账　　号：	账　　号：
邮政编码：	邮政编码：

上述三种形式进入施工企业的农民工，在施工企业的具体管理中是有区别的。前两种形式的农民工需要编入施工企业内部组织的工程队或作业班组，按照施工企业的内部队伍模式管理，施工企业按照他们的出勤天数或者完成的工作量计发工资、奖金；而后一种形式对施工企业来讲是成建制地外部队伍，施工企业一般不需要负责该种形式下具体工人的管理，需要与该队伍的所属公司签订分包合同，而后按照合同的形式进行管理。

四、三种形式下的会计核算

（一）直接签订形式

直接签订形式下，施工企业支付的农民工工资通过“应付职工薪酬”科目核算。支付农民工工资时，借记“应付职工薪酬”，贷记“库存现金”或“银行存款”；月末分配职工薪酬时，借记“工程施工——合同成本——直接人工费”或“机械作业”、“辅助生产”等科目，贷记“应付职工薪酬”。这种情况下的原始凭证主要有：派工单、考勤表、工资表、银行打卡表、工资分配表等。

（二）劳务派遣形式

劳务派遣形式下，施工企业支付的劳务费按新会计准则的规定也应通过“应付职工薪酬——工资”科目核算。支付劳务费时，凭与劳务派遣企业的劳务费结算单和劳务派遣企业开具的劳务费发票，借记“应付职工薪酬——工资”，贷记“银行存款”。应注

意，银行存款只能打到劳务派遣企业的合法账户上，而不能支付给个人银行卡。归集成本时，借记“工程施工——合同成本——直接人工费”，贷记“应付职工薪酬——工资”。

在实践中，也可以由劳务派遣企业委托施工企业代发工资。这种情况下，劳务派遣企业首先向施工企业开具委托书，注明委托施工企业发放工资的劳务作业人员姓名、工资标准等，施工企业据此将劳务作业人员的工资直接支付给劳务作业人员。但此种情况下，劳务派遣企业仍需向施工企业开具发票，发票金额仍须包括施工企业代发的劳务作业人员的工资款。施工企业代发工资时记账所需的原始凭据有：代发工资委托书、劳务企业开具的收据和发票、代发工资明细表。

直接签订形式和劳务派遣形式在会计核算上是有很大区别的：直接签订形式下，由于农民工已经与施工企业签订了劳动合同，向其支付的薪金属于企业的工资薪金支出，应该用工资表入账；而劳务派遣形式下，施工企业没有与农民工签订劳动合同，即使施工企业受托直接支付农民工工资，也不属于企业的工资薪金支出，而属于一种委托代发行为，施工企业取得的劳务派遣公司开具的发票才是合法的原始凭证。

（三）劳务分包形式

劳务分包形式下，施工企业支付分包队伍的劳务费通过“应付账款——应付劳务费”核算。凭与分包队伍的验工计价表和分包队伍给施工企业开具的发票，借记“工程施工——合同成本——直接人工费”，贷记“应付账款——应付劳务费”，支付时，借记“应付账款——应付劳务费”，贷记“银行存款”。此种情况下记账的原始凭证有：验工计价表、发票、收据等。

特别提醒

劳务派遣形式和劳务分包形式虽然都需要取得发票，然而两者取得的发票是有很大区别的。根据我国营业税法的相关规定，劳务派遣形式取得的发票应该是服务业发票，而劳务分包形式下取得的发票应该是建筑业发票。

第二节　材料的管理与核算

施工企业的材料物资按会计核算分类为原材料和周转材料（含低值易耗品、包装物）。原材料科目核算企业库存的各种材料，包括原料及主要材料、辅助材料、外购半成品（外购件）、修理用备件（备品备件）、包装材料、燃料等的计划成本或实际成本。施工企业的主要材料包括黑色金属、有色金属、化工材料、建材、木材等五项。周转材料科目核算钢模板、木模板、脚手架及低值易耗品、包装物的计划成本或实际成本。

施工企业的材料按其流程可以分为采购付款、仓储保管、清查处置等环节，每个流程的各环节都有其管理的主要风险和管控措施。

一、采购付款流程的管控

采购付款流程主要涉及编制需求计划和采购计划、请购、选择供应商、确定采购价格、订立框架协议或采购合同、管理供应过程、验收、退货、付款、会计控制等环节。企业应建立并实施采购与付款内部控制制度，至少应当强化对以下关键方面或者关

键环节的风险控制，并采取相应的控制措施。

第一，权责分配和职责分工应当明确，机构设置和人员配备应当科学合理，切实做到不相容岗位相互分离、制约和监督：

（1）存货的请购与审批，审批与执行；

（2）存货的采购与验收、付款；

（3）存货的保管与相关会计记录；

（4）存货发出的申请与审批，申请与会计记录；

（5）存货处置的申请与审批，申请与会计记录。

第二，请购依据应当充分适当，请购事项和审批程序应当明确。

第三，采购与验收的管理流程及有关控制措施应当清晰，对供应商的选择、采购方式的确定、采购合同的签订、购进商品的验收等应有明确规定。

第四，付款方式、程序、审批权限和与客户的对账办法应当明确。

（一）编制需求计划和采购计划

采购业务从计划（或预算）开始，包括需求计划和采购计划。企业实务中，需求部门一般根据生产经营需要向采购部门提出物资需求计划，采购部门根据该需求计划，归类、汇总、平衡现有库存物资后，统筹安排采购计划，并按规定的权限和程序审批后执行。该环节的主要风险是：需求或采购计划不合理、不按实际需求安排采购或随意超计划采购，甚至与企业生产经营计划不协调等。

主要管控措施：

第一，工程管理部门会同计划合约部门应当根据生产计划编制材料需求计划、需求计划应力求准确、及时。工程管理部门提出需求计划时，不能指定或变相指定供应商。对独家代理、专有、专利等特殊产品应提供相应的独家、专有资料，经专业技术部门研讨后，经具备相应审批权限的部门或人员审批。

第二，物资管理部门根据经审批的需求计划编制采购计划。采购计划是施工项目年度生产经营计划的一部分，在制订年度生产经营计划过程中，施工项目应当根据施工生产实际需要，结合库存和在途情况，科学安排采购计划，防止采购过高或过低。

第三，采购计划应纳入采购预算管理，经相关负责人审批后，作为企业刚性指令严格执行。

（二）请购

请购是指物资管理部门根据采购计划和实际需要，提出的采购申请。该环节的主要风险是：缺乏采购申请制度，请购未经适当审批或超越授权审批，可能导致采购物资过量或短缺，影响施工项目正常生产经营。

主要管控措施：

第一，建立采购申请制度，依据购买物资的类型，确定归口管理部门，授予相应的请购权，明确相关部门或人员的职责权限及相应的请购程序。企业可以根据实际需要设置专门的请购部门，对需求部门提出的采购需求进行审核，并进行归类汇总，统筹安排企业的采购计划。

第二，具有请购权的部门对于预算内采购项目，应当严格按照预算执行进度办理请购手续，并根据市场变化提出合理采购申请。对于超预算和预算外采购项目，应先履行预算调整程序，由具备相应审批权限的部门或人员审批后，再行办理请购手续。

第三，具备相应审批权限的部门或人员审批采购申请时，应重点关注采购申请内容是否准确、完整，是否符合生产经营需要，是否符合采购计划，是否在采购预算范围内等。对不符合规定的采购申请，应要求请购部门调整请购内容或拒绝批准。

（三）选择供应商

选择供应商，也就是确定采购渠道。它是施工项目采购业务

流程中非常重要的环节。该环节的主要风险是：供应商选择不当，可能导致采购物资质次价高，甚至出现舞弊行为。

主要管控措施：

第一，建立科学的供应商评估和准入制度，对供应商资质信誉情况的真实性和合法性进行审查，确定合格的供应商清单，健全企业统一的供应商网络。企业新增供应商的市场准入、供应商新增服务关系以及调整供应商物资目录，都要由采购部门根据需要提出申请，并按规定的权限和程序审核批准后，纳入供应商网络。企业可委托具有相应资质的中介机构对供应商进行资信调查。

第二，采购部门应当按照公平、公正和竞争的原则，择优确定供应商，在切实防范舞弊风险的基础上，与供应商签订质量保证协议。

第三，建立供应商管理信息系统和供应商淘汰制度，对供应商提供物资或劳务的质量、价格、交货及时性、供货条件及其资信、经营状况等进行实时管理和考核评价，根据考核评价结果，提出供应商淘汰和更换名单，经审批后对供应商进行合理选择和调整，并在供应商管理系统中作出相应记录。

（四）确定采购价格

如何以最优“性价比”采购到符合需求的物资，是采购部门工作的永恒主题。该环节的主要风险是：采购定价机制不科学，采购定价方式选择不当，缺乏对重要物资品种价格的跟踪监控，引起采购价格不合理，可能造成企业资金损失。

主要管控措施：

第一，健全采购定价机制，采取协议采购、招标采购、询比价采购、动态竞价采购等多种方式，科学合理地确定采购价格。对标准化程度高、需求计划性强、价格相对稳定的物资，通过招标、联合谈判等公开、竞争方式签订框架协议。

第二，采购部门应当定期研究大宗通用重要物资的成本构成与市场价格变动趋势，确定重要物资品种的采购执行价格或参考价格。建立采购价格数据库，定期开展重要物资的市场供求形势及价格走势商情分析并合理利用。

（五）订立框架协议或采购合同

框架协议是企业与供应商之间为建立长期物资购销关系而做出的一种约定。采购合同是指企业根据采购需要、确定的供应商、采购方式、采购价格等情况与供应商签订的具有法律约束力的协议，该协议对双方的权利、义务和违约责任等情况作出了明确规定（企业向供应商支付合同规定的金额、结算方式，供应商按照约定时间、期限、数量与质量、规格交付物资给采购方）。该环节的主要风险是：框架协议签订不当，可能导致物资采购不顺畅；未经授权对外订立采购合同，合同对方主体资格、履约能力等未达要求、合同内容存在重大疏漏和欺诈，可能导致企业合法权益受到侵害。

主要管控措施：

第一，对拟签订框架协议的供应商的主体资格、信用状况等进行风险评估；框架协议的签订应引入竞争制度，确保供应商具备履约能力。

第二，根据确定的供应商、采购方式、采购价格等情况，拟订采购合同，准确描述合同条款，明确双方权利、义务和违约责任，按照规定权限签署采购合同。对于影响重大、涉及较高专业技术或法律关系复杂的合同，应当组织法律、技术、财会等专业人员参与谈判，必要时可聘请外部专家参与相关工作。

第三，对重要物资验收量与合同量之间允许的差异，应当作出统一规定。

（六）管理供应过程

管理供应过程，主要是指企业建立严格的采购合同跟踪制度，

科学评价供应商的供货情况，并根据合理选择的运输工具和运输方式，办理运输、投保等事宜，实时掌握物资采购供应过程的情况。该环节的主要风险是：缺乏对采购合同履行情况的有效跟踪，运输方式选择不合理，忽视运输过程保险风险，可能导致采购物资损失或无法保证供应。

主要管控措施：

第一，依据采购合同中确定的主要条款跟踪合同履行情况，对有可能影响生产或工程进度的异常情况，应出具书面报告并及时提出解决方案，采取必要措施，保证需求物资的及时供应。

第二，对重要物资建立并执行合同履约过程中的巡视、点检和监造制度。对需要监造的物资，择优确定监造单位，签订监造合同，落实监造责任人，审核确认监造大纲，审定监造报告，并及时向技术等部门通报。

第三，根据生产建设进度和采购物资特性等因素，选择合理的运输工具和运输方式，办理运输、投保等事宜。

第四，实行全过程的采购登记制度或信息化管理，确保采购过程的可追溯性。

（七）验收

验收是指企业对采购物资和劳务的检验接收，以确保其符合合同相关规定或产品质量要求。该环节的主要风险是：验收标准不明确、验收程序不规范、对验收中存在的异常情况不作处理，可能造成账实不符、采购物资损失。

主要管控措施：

第一，制定明确的采购验收标准，结合物资特性确定必检物资目录，规定此类物资出具质量检验报告后方可入库。

第二，验收机构或人员应当根据采购合同及质量检验部门出具的质量检验证明，重点关注采购合同、发票等原始单据与采购物资的数量、质量、规格型号等核对一致。对验收合格的物资，填制入库凭证，加盖物资“收讫章”，登记实物账，及时将入库凭证传递给财会部门。物资入库前，采购部门须检查质量保证书、商检证书或合格证等证明文件。验收时涉及技术性强的、大宗的和新、特物资，还应进行专业测试，必要时可委托具有检验资质的机构或聘请外部专家协助验收。

第三，对于验收过程中发现的异常情况，比如无采购合同或大额超采购合同的物资、超采购预算采购的物资、毁损的物资等，验收机构或人员应当立即向企业有权管理的相关机构报告，相关机构应当查明原因并及时处理。对于不合格物资，采购部门依据检验结果办理让步接收、退货、索赔等事宜。对延迟交货造成生产建设损失的，采购部门要按照合同约定索赔。

（八）付款

付款是指企业在对采购预算、合同、相关单据凭证、审批程序等内容审核无误后，按照采购合同规定及时向供应商办理支付款项的过程。该环节的主要风险是：付款审核不严格、付款方式不恰当、付款金额控制不严，可能导致企业资金损失或信用受损。

主要管控措施：企业应当加强采购付款的管理，完善付款流程，明确付款审核人的责任和权力，严格审核采购预算、合同、相关单据凭证、审批程序等相关内容，审核无误后按照合同规定，合理选择付款方式，及时办理付款。要着力关注以下方面：

第一，严格审查采购发票等票据的真实性、合法性和有效性，判断采购款项是否确实应予支付。如审查发票填制的内容是否与发票种类相符合、发票加盖的印章是否与票据的种类相符合等。企业应当重视采购付款的过程控制和跟踪管理，如果发现异常情况，应当拒绝向供应商付款，避免出现资金损失和信用受损。

第二，根据国家有关支付结算的相关规定和企业生产经营的

实际，合理选择付款方式，并严格遵循合同规定，防范付款方式不当带来的法律风险，保证资金安全。除了不足转账起点金额的采购可以支付现金外，采购价款应通过银行办理转账。

第三，加强预付账款和定金的管理，涉及大额或长期的预付款项，应当定期进行追踪核查，综合分析预付账款的期限、占用款项的合理性、不可收回风险等情况，发现有疑问的预付款项，应当及时采取措施，尽快收回款项。

（九）会计控制

会计控制主要指采购业务会计系统控制。该环节的主要风险是：缺乏有效的采购会计系统控制，未能全面真实地记录和反映企业采购各环节的资金流和实物流情况，相关会计记录与相关采购记录、仓储记录不一致，可能导致企业采购业务未能如实反映，以及采购物资和资金受损。

主要管控措施：

第一，企业应当加强对购买、验收、付款业务的会计系统控制，详细记录供应商情况、采购申请、采购合同、采购通知、验收证明、入库凭证、退货情况、商业票据、款项支付等情况，做好采购业务各环节的记录，确保会计记录、采购记录与仓储记录核对一致。

第二，指定专人通过函证等方式，定期向供应商寄发对账函，核对应付账款、应付票据、预付账款等往来款项，对供应商提出的异议应及时查明原因，报有权管理的部门或人员批准后，作出相应调整。

二、仓储保管环节的管控

一般而言，生产企业为保证生产过程的连续性，需要对存货进行仓储保管。该环节的主要风险是：存货仓储保管方法不适当、监管不严密，可能导致损坏变质、价值贬损、资源浪费。

主要管控措施：

第一，存货在不同仓库之间流动时，应当办理出入库手续。

第二，存货仓储期间要按照仓储物资所要求的储存条件妥善贮存，做好防火、防洪、防盗、防潮、防病虫害、防变质等保管工作，不同批次、型号和用途的产品要分类存放。存放于生产现场的在加工原料、周转材料、半成品等要按照有助于提高生产效率的方式摆放，同时防止浪费、被盗和流失。

第三，对代管、代销、暂存、受托加工的存货，应单独存放和记录，避免与本单位存货混淆。

第四，结合企业实际情况，加强存货的保险投保，保证存货安全，合理降低存货意外损失风险。

第五，仓储部门应对库存物料和产品进行每日巡查和定期抽检，详细记录库存情况；发现毁损、存在跌价迹象的，应及时与生产、采购、财务等相关部门沟通。对于进入仓库的人员应办理进出登记手续，未经授权人员不得接触存货。

三、清查处置环节的管控

存货盘点清查，一方面要核对实物的数量，看其是否与相关记录相符、是否账实相符；另一方面也要关注实物的质量，看其是否有明显的损坏。该环节的主要风险是：存货盘点清查制度不完善、计划不可行，可能导致工作流于形式、无法查清存货真实状况。

主要管控措施：企业应当建立存货盘点清查工作规程，结合本企业实际情况确定盘点周期、盘点流程、盘点方法等相关内容，定期盘点和不定期抽查相结合。盘点清查时，应拟定详细的盘点计划，合理安排相关人员，使用科学的盘点方法，保持盘点记录的完整，以保证盘点的真实性、有效性。盘点清查结果要及时编

制盘点表，形成书面报告，包括盘点人员、时间、地点、实际所盘点存货名称、品种、数量、存放情况以及盘点过程中发现的账实不符情况等内容。对盘点清查中发现的问题，应及时查明原因，落实责任，按照规定权限报经批准后处理。多部门人员共同盘点，应当充分体现相互制衡，严格按照盘点计划，认真记录盘点情况。此外，企业至少应当于每年年度终了开展全面的存货盘点清查，及时发现存货减值迹象，将盘点清查结果形成书面报告。

存货处置是存货因变质、毁损等退出企业生产经营活动的环节。该环节的主要风险是：存货报废处置责任不明确、审批不到位，可能导致企业利益受损。

主要管控措施：企业应定期对存货进行检查，及时、充分了解存货的存储状态，对于存货变质、毁损、报废或流失的处理要分清责任、分析原因、及时合理。

四、自制材料业务的核算

施工项目为了施工生产的需要，经常需要在施工现场加工制作一些施工生产所需要的材料，如附设的工厂、车间生产的水泥预制构件、其他构件或建筑材料。这在税法上称为混合销售，那么在会计上如何核算呢？

应判断所附设的工厂、车间等辅助生产部门是独立核算还是非独立核算。所谓独立核算，是指对本单位的业务经营活动过程及其成果进行全面、系统的会计核算。独立核算单位的特点是：在管理上有独立的组织形式，具有一定数量的资金，在当地银行开户；独立进行经营活动，能同其他单位订立经济合同；独立计算盈亏，单独设置会计机构并配备会计人员，并有完整的会计工作组织体系。

非独立核算又称报账制，是把本单位的业务经营活动有关的日常业务资料，逐日或定期报送上级单位，由上级单位进行核算。非独立核算单位的特点是：一般由上级拨给一定数额的周转金，从事业务活动，一切收入全面上缴，所有支出向上级报销，本身不单独计算盈亏，只记录和计算几项主要指标，进行简易核算。

独立核算的辅助生产部门发生的各项费用在"工业生产"或"机械作业"科目核算。"工业生产"科目核算企业所属内部独立核算的工业企业（如预制构件厂、机械加工厂等）为满足工程施工需要进行产品（包括代制品、代修品）生产所发生的各种生产费用。"机械作业"科目核算企业及其内部独立核算的施工单位、机械站和运输队使用自有施工机械和运输设备进行机械作业（包括机械化施工和运输作业等）所发生的各项费用。

非独立核算的辅助生产部门发生的各项费用在"辅助生产"科目核算，辅助生产部门所发生的各项费用，应按成本核算对象和成本项目进行归集。成本核算对象一般可按生产的材料和提供劳务的类别确定。成本项目一般可分为：人工费、材料费、其他直接费、间接费用（指为组织和管理辅助生产所发生的费用）。"辅助生产"科目一般按生产的材料和提供的劳务的类别设置明细账，账中按成本项目设立专栏进行明细核算。

案例 3—1

某项目部自设搅拌站加工施工现场所需要的混凝土。搅拌站定编 20 人，假设全部是内部职工，搅拌站搅拌混凝土所需要的材料由项目部按计划单价供应。加工的混凝土供应给项目部各施工队，也按计划单价供应。搅拌站不设财务账，统一由项目核算，盈亏由项目部承担。

（1）20×0 年 3 月，搅拌站从项目部领用水泥等各种材料，按计划单价计算价值 20 万元，根据项目部的转账通知单等原始凭

证，进行如下处理：

借：原材料——主要材料（辅助核算：搅拌站） 200 000

贷：原材料——主要材料（辅助核算：项目部） 200 000

(2) 月底，项目部对剩余材料进行了盘点，测算当月消耗材料按计划单价计算价值 30 万元。账务处理如下：

借：辅助生产——搅拌站——材料费 300 000

贷：原材料——主要材料（辅助核算：搅拌站） 300 000

(3) 搅拌站当月应发工资 16 万元，根据工资分配表，进行如下账务处理：

借：辅助生产——搅拌站——人工费 160 000

贷：应付职工薪酬——工资 160 000

(4) 搅拌站当月应计提设备折旧费 4 万元，根据折旧计提表，进行如下账务处理：

借：辅助生产——搅拌站——其他直接费 40 000

贷：累计折旧 40 000

(5) 根据生产记录，搅拌站当月共生产混凝土按计划单价计算价值 40 万元。账务处理如下：

借：原材料——主要材料 400 000

材料成本差异 100 000

贷：辅助生产——搅拌站——材料费 300 000

辅助生产——搅拌站——人工费 160 000

辅助生产——搅拌站——其他直接费 40 000

(6) 根据当月混凝土领用记录，内部队使用混凝土 30 万元，外部队领用混凝土 10 万元，与外部队分包合同单价不含混凝土。账务处理如下：

借：工程施工——合同成本——直接材料费 300 000

应付账款 100 000

贷：原材料——主要材料 400 000

(7) 结转材料成本差异。需要特别注意的是，本月形成了10万元的材料成本借方差异，虽然是由内部队和外部队共同使用所生产的混凝土形成的，但是，由于和外部队是合同关系，对其所供应混凝土的单价是“锁定”的，所以，材料成本差异只能计入工程的成本。账务处理如下：

借：工程施工——合同成本——直接材料费　　100 000

　贷：材料成本差异　　100 000

五、委托加工业务的核算

施工项目也经常存在一些委托加工物资的业务。但是，这类业务有时不会很明显，需要财务人员进行认真辨别。比如，某项目根据客户的要求，将盾构管片的生产任务委托乙公司完成，而与乙公司的协议中约定，管片所需要的原材料由该项目部采购并运往乙公司的指定库区，乙公司只收取管片的加工费。那么此类业务就构成了委托加工物资业务。

施工项目存在类似业务，应该设置“委托加工物资”科目，该科目核算企业委托外单位加工的各种材料物资的实际成本。企业委托外单位加工的物资，按实际成本，借记“委托加工物资”，贷记“原材料”等科目；按计划成本核算的，还应同时结转材料成本差异。支付加工费、运杂费以及支付的税金（包括应负担的增值税）等，借记“委托加工物资”，贷记“银行存款”等科目。加工完成验收入库的物资和剩余的物资，按加工收回的物资实际成本和剩余物资的实际成本，借记“原材料”、“周转材料”等科目，贷记“委托加工物资”；采用计划成本核算的，按计划成本借记“原材料”、“周转材料”等科目，按实际成本，贷记“委托加工物资”，按实际成本与计划成本的差额，借记或贷记“材料成本差异”。

凡用于非应纳增值税项目、免征增值税项目、未取得增值税专用发票的一般及小规模纳税企业的加工物资，应将这部分增值税计入加工物资成本。

案例 3—2

某施工项目部购入钢板一批，委托某钢构公司加工成钢模板。

(1) 项目部购入钢板价值 40 万元，直接发往某钢构公司设在项目部工地的材料库。账务处理如下：

借：委托加工物资　　400 000

　　贷：原材料　　400 000

(2) 根据项目部与某钢构公司的加工协议，每吨钢模板支付加工费 800 元，项目部共应支付该钢构公司加工费 10 万元，剩余价值 2 万元钢材由项目部收回。账务处理如下：

借：委托加工物资　　100 000

　　贷：应付账款　　100 000

借：原材料　　20 000

　　贷：委托加工物资　　20 000

(3) 项目部对加工完成的钢模板验收入库，项目部采用实际成本法核算材料物资。账务处理如下：

借：周转材料——在库　　480 000

　　贷：委托加工物资　　480 000

第三节　固定资产的管理与核算

固定资产主要包括房屋、建筑物、机器、机械、运输工具以及其他与生产经营活动有关的设备、器具、工具等。固定资产属于企业的非流动资产，是企业开展正常的生产经营活动必要的物质条件，其价值随着企业生产经营活动逐渐转移到产品成本中。固定资产的安全性、完整性直接影响到企业生产经营的可持续发展能力。

企业应当根据固定资产特点，分析、归纳、设计合理的业务流程，查找管理的薄弱环节，健全全面风险管控措施，保证固定资产安全、完整、高效运行。固定资产业务流程，通常可以分为取得、验收移交、日常维护、更新改造和淘汰处置等环节。

一、取得环节的管控与核算

固定资产的取得涉及外购、自行建造、非货币性资产交换换入等方式。生产设备、运输工具、房屋建筑物、办公家具和办公设备等不同类型固定资产有不同的验收程序和技术要求，同一类固定资产也会因其标准化程度、技术难度等的不同而对验收工作提出不同的要求。通常来说，办公家具、电脑、打印机等标准化程度较高的固定资产验收过程较为简化，而对一些复杂的大型生产设备，尤其是定制的高科技精密仪器以及建筑物竣工验收等，需要一套规范、严密的验收制度。

该环节的主要风险是：新增固定资产验收程序不规范，可能导致资产质量不符合要求，进而影响资产运行效果；固定资产投保制度不健全，可能导致应投保资产未投保、索赔不力，不能有效防范资产损失风险。

（一）主要管控措施

第一，建立严格的固定资产交付使用验收制度。企业外购固定资产应当根据合同、供应商发货单等对所购固定资产的品种、

规格、数量、质量、技术要求及其他内容进行验收，出具验收单，编制验收报告。企业自行建造的固定资产，应由建造部门、固定资产管理部门、使用部门共同填制固定资产移交使用验收单，验收合格后移交使用部门投入使用。未通过验收的不合格资产，不得接收，必须按照合同等有关规定办理退换货或采取其他弥补措施。对于具有权属证明的资产，取得时必须有合法的权属证书。

第二，重视和加强固定资产的投保工作。企业应当通盘考虑固定资产状况，根据其性质和特点，确定和严格执行固定资产的投保范围和政策。投保金额与投保项目力求适当，对应投保的固定资产项目按规定程序进行审批，办理投保手续，规范投保行为，应对固定资产损失风险。对于重大固定资产项目的投保，应当考虑采取招标方式确定保险人，防范固定资产投保舞弊。已投保的固定资产发生损失的，及时调查原因及受损金额，向保险公司办理相关的索赔手续。

（二）会计核算

固定资产取得环节的核算在会计上称为固定资产的初始计量，核算时分为外购固定资产、自行建造固定资产、投资投入固定资产和确定弃置义务的固定资产四种类型。施工企业的固定资产一般是外购固定资产，所以本书重点介绍外购固定资产的核算。

企业外购固定资产的成本，包括购买价款、相关税费、使固定资产达到预定可使用状态前所发生的可归属于该项固定资产的运输费、装卸费、安装费和专业人员服务费等。外购固定资产是否达到预定可使用状态，需要根据具体情况进行分析判断。如果购入不需要安装的固定资产，购入后即可发挥作用，则购入后即达到预定可使用状态；如果购入需要安装的固定资产，只有安装调试后达到设计要求或合同规定的标准，该项固定资产才可发挥作用，达到预定可使用状态。

特别提醒

固定资产组资的时间是"达到预定可使用状态"，与是否取得发票、是否付款没有关系。如果采购的固定资产已经"达到预定可使用状态"，但没有取得发票，可暂按合同约定的价值估价入账，待取得发票后再按发票金额调整原来的暂估价值，但不需要调整原来已计提的折旧额。

企业购买固定资产通常在正常信用条件期限内付款，但也会发生超过正常信用条件购买固定资产的经济业务事项，如采用分期付款方式购买资产，且在合同中规定的付款期限比较长，超过了正常信用条件。在这种情况下，该类购货合同实质上具有融资租赁性质，购入资产的成本不能以各期付款额之和确定，而应以各期付款额的现值之和确定。购入固定资产时，按购买价款的现值，借记"固定资产"或"在建工程"科目；按应支付的金额，贷记"长期应付款"科目；按其差额，借记"未确认融资费用"科目。固定资产购买价款的现值，应当按照各期支付的购买价款选择恰当的折现率进行折现后的金额加以确定。折现率是反映当前市场货币时间价值和延期付款债务特定风险的利率。该折现率实质上是供货企业的必要报酬率。各期实际支付的价款与购买价款的现值之间的差额，符合《企业会计准则第 17 号——借款费用》中规定的资本化条件的，应当计入固定资产成本，其余部分应当在信用期间内确认为财务费用，计入当期损益。

二、登记造册环节的管控

企业取得每项固定资产后均需要进行详细登记，编制固定资产目录，建立固定资产卡片，以便固定资产的统计、检查和后续

管理。

该环节的主要风险是：固定资产登记内容不完整，可能导致资产流失、资产信息失真、账实不符。

主要管控措施：

第一，根据固定资产的定义，结合自身实际情况，制定适合本企业的固定资产目录，列明固定资产编号、名称、种类、所在地点、使用部门、责任人、数量、账面价值、使用年限、损耗等内容，有利于企业了解固定资产使用情况的全貌。

第二，按照单项资产建立固定资产卡片，资产卡片应在资产编号上与固定资产目录保持对应关系，详细记录各项固定资产的来源、验收、使用地点、责任单位和责任人、运转、维修、改造、折旧、盘点等相关内容，便于固定资产的有效识别。

固定资产目录和卡片均应定期或不定期复核，保证信息的真实和完整。

三、运行维护环节的管控与核算

该环节的主要风险是：固定资产操作不当、失修或维护过剩，可能造成资产使用效率低下、产品残次率高，甚至发生生产事故或资源浪费。

（一）主要管控措施

第一，固定资产使用部门会同资产管理部门负责固定资产日常维修、保养，将资产日常维护流程体制化、程序化、标准化，定期检查，及时消除风险，提高固定资产的使用效率，切实消除安全隐患。

第二，固定资产使用部门及管理部门建立固定资产运行管理档案，并据以制订合理的日常维修和大修理计划，并经主管领导审批。

第三，固定资产实物管理部门审核施工单位资质和资信，并建立管理档案；修理项目应分类，明确需要招投标项目。修理完成，由施工单位出具交工验收报告，经资产使用和实物管理部门核对工程质量并审批。重大项目应专项审计。

第四，企业生产线等关键设备的运作效率与效果将直接影响企业的安全生产和产品质量，操作人员上岗前应由具有资质的技术人员对其进行充分的岗前培训，特殊设备实行岗位许可制度，需持证上岗。必须对资产运转进行实时监控，保证资产使用流程与既定操作流程相符，确保安全运行，提高使用效率。

（二）会计核算

运行维护环节的会计核算主要是涉及与固定资产有关的修理费用等后续支出。一般情况下，固定资产投入使用之后，由于固定资产磨损、各组成部分耐用程度不同，可能导致固定资产的局部损坏，为了维护固定资产的正常运转和使用，充分发挥其使用效能，企业将对固定资产进行必要的维护。固定资产的日常修理费用在发生时应直接计入当期损益。按此规定，施工项目部和行政管理部门等发生的固定资产修理费用等后续支出都应记入“管理费用”科目。

四、升级改造环节的管控与核算

企业需要定期或不定期对固定资产进行升级改造，以便不断提高产品质量，开发新品种，降低能源资源消耗，保证生产的安全环保。固定资产更新有部分更新与整体更新两种情形。部分更新的目的通常包括局部技术改造、更换高性能部件、增加新功能等方面，需权衡更新活动的成本与效益综合决策；整体更新主要指对陈旧设备的淘汰与全面升级，更侧重于资产技术的先进性，符合企业的整体发展战略。

该环节的主要风险是：固定资产更新改造不够，可能造成企业产品线老化、缺乏市场竞争力。

（一）主要管控措施

第一，定期对固定资产技术先进性进行评估，结合企业盈利能力和发展可持续性进行分析，资产使用部门根据需要提出技改方案，与财务部门一起进行预算可行性分析，并且经过管理部门的审核批准。

第二，管理部门需对技改方案实施过程予以适时监控、加强管理，有条件的企业应建立技改专项资金并实行定期或不定期审计。

（二）会计核算

升级改造环节会计核算，应先判断固定资产应升级改造支出是否符合固定资产确认条件。符合固定资产确认条件的，应当计入固定资产成本，同时将被替换部分的账面价值扣除；不符合固定资产确认条件的，应当计入当期损益。即发生可资本化的升级改造支出时，企业一般应将该固定资产的原价、已计提的累计折旧和减值准备转销，将固定资产的账面价值转入在建工程，并停止计提折旧。发生的后续支出，通过“在建工程”科目核算。在固定资产发生的后续支出完工并达到预定可使用状态时，再从“在建工程”转为“固定资产”，并按重新确定的使用寿命、预计净残值和折旧方法计提折旧。

五、清查环节的管控与核算

企业应建立固定资产清查制度，至少每年全面清查，保证固定资产账实相符、及时掌握资产盈利能力和市场价值。固定资产清查中发现的问题，应当查明原因，追究责任，妥善处理。

该环节的风险主要是：固定资产丢失、毁损等造成账实不符或资产贬值严重。

（一）主要管控措施

第一，财务部门组织固定资产使用部门和管理部门定期进行清查，明确资产权属，确保实物与卡、财务账表相符，在清查作业实施之前编制清查方案，经过管理部门审核后进行相关的清查作业。

第二，在清查结束后，清查人员需要编制清查报告，管理部门需就清查报告进行审核，确保真实性、可靠性。

第三，清查过程中发现的盘盈（盘亏），应分析原因，追究责任，妥善处理，报告审核通过后及时调整固定资产账面价值，确保账实相符，并上报备案。

（二）会计核算

固定资产是一种单位价值较高、使用期限较长的有形资产，因此，对于管理规范的企业而言，盘盈、盘亏的固定资产较为少见。如果清查中发现固定资产的损溢应及时查明原因，在期末结账前处理完毕。企业在财产清查中盘亏的固定资产，通过“待处理财产损溢——待处理固定资产损溢”科目核算，盘亏造成的损失，通过“营业外支出——盘亏损失”科目核算，应当计入当期损益。企业在财产清查中盘盈的固定资产，作为前期差错处理。盘盈的固定资产通过“以前年度损益调整”科目核算。

六、抵押、质押环节的管控

抵押是指债务人或者第三人不转移对财产的占有权，而将该财产抵押作为债权的担保，当债务人不履行债务时，债权人有权依法以抵押财产折价或以拍卖、变卖抵押财产的价款优先受偿。质押也称质权，就是债务人或第三人将其动产移交债权人占有，将该动产作为债权的担保，当债务人不履行债务时，债权人有权依法就该动产卖得价款优先受偿。企业有时因资金周转等原因以

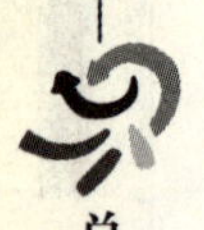

其固定资产作抵押物或质押物向银行等金融机构借款，如到期不能归还借款，银行则有权依法将该固定资产折价或拍卖。

该环节的主要风险是：固定资产抵押制度不完善，可能导致抵押资产价值低估和资产流失。

主要管控措施：

第一，加强固定资产抵押、质押的管理，明晰固定资产抵押、质押流程，规定固定资产抵押、质押的程序和审批权限等，确保资产抵押、质押经过授权审批及适当程序。同时，应做好相应记录，保障企业资产安全。

第二，财务部门办理资产抵押时，如需要委托专业中介机构鉴定评估固定资产的实际价值，应当会同金融机构有关人员、固定资产管理部门、固定资产使用部门现场勘验抵押品，对抵押资产的价值进行评估。对于抵押资产，应编制专门的抵押资产目录。

七、处置环节的管控与核算

该环节的主要风险是：固定资产处置方式不合理，可能造成企业经济损失。

（一）主要管控措施

企业应当建立健全固定资产处置的相关制度，区分固定资产不同的处置方式，采取相应控制措施，确定固定资产处置的范围、标准、程序和审批权限，保证固定资产处置的科学性，使企业的资源得到有效的运用。

第一，对使用期满、正常报废的固定资产，应由固定资产使用部门或管理部门填制固定资产报废单，经企业授权部门或人员批准后对该固定资产进行报废清理。

第二，对使用期限未满、非正常报废的固定资产，应由固定资产使用部门提出报废申请，注明报废理由、估计清理费用和可回收残值、预计处置价格等。企业应组织有关部门进行技术鉴定，按规定程序审批后进行报废清理。

第三，对拟出售或投资转出及非货币交换的固定资产，应由有关部门或人员提出处置申请，对固定资产价值进行评估，并出具资产评估报告。报经企业授权部门或人员批准后予以出售或转让。企业应特别关注固定资产处置中的关联交易和处置定价，固定资产的处置应由独立于固定资产管理部门和使用部门的相关授权人员办理，固定资产处置价格应报经企业授权部门或人员审批后确定。对于重大固定资产处置，应当考虑聘请具有资质的中介机构进行资产评估，采取集体审议或联签制度。涉及产权变更的，应及时办理产权变更手续。

第四，对出租的固定资产，应由相关管理部门提出出租或出借的申请，写明申请的理由和原因，并由相关授权人员和部门就申请进行审核。审核通过后应签订出租或出借合同，包括合同双方的具体情况、出租的原因和期限等内容。

（二）会计核算

企业出售、转让、报废固定资产或发生固定资产毁损，应当将处置收入扣除账面价值和相关税费后的金额计入当期损益。固定资产处置一般通过“固定资产清理”科目进行核算。

企业因出售、报废或毁损、对外投资、非货币性资产交换、债务重组等处置固定资产，其会计处理一般经过以下几个步骤：

第一，固定资产转入清理。固定资产转入清理时，按固定资产账面价值，借记“固定资产清理”科目，按已计提的累计折旧，借记“累计折旧”科目，按已计提的减值准备，借记“固定资产减值准备”科目，按固定资产账面余额，贷记“固定资产”科目。

第二，发生的清理费用的处理。固定资产清理过程中发生的有关费用以及应支付的相关税费，借记“固定资产清理”科目，

贷记“银行存款”、“应交税费”等科目。

第三，出售收入和残料等的处理。企业收回出售固定资产的价款、残料价值和变价收入等，应冲减清理支出。按实际收到的出售价款以及残料变价收入等，借记“银行存款”、“原材料”等科目，贷记“固定资产清理”科目。

第四，保险赔偿的处理。企业计算或收到的应由保险公司或过失人赔偿的损失，应冲减清理支出，借记“其他应收款”、“银行存款”等科目，贷记“固定资产清理”科目。

第五，清理净损益的处理。固定资产清理完成后的净损失，属于生产经营期间正常的处理损失，借记“营业外支出——处置非流动资产损失”科目，贷记“固定资产清理”科目；属于生产经营期间由于自然灾害等非正常原因造成的，借记“营业外支出——非常损失”科目，贷记“固定资产清理”科目。固定资产清理完成后的净收益，借记“固定资产清理”科目，贷记“营业外收入”科目。

CHAPTER

4 第四章 施工项目成本核算

施工项目成本是指建筑业企业在以施工项目作为成本核算对象的施工过程中所耗费的生产资料转移价值和劳动者的必要劳动所创造的价值的货币形式。即某施工项目在施工中所发生的全部生产费用总和，包括所消耗的主、辅材料，构配件，周转材料的摊销费或租赁费，施工机械台班费或租赁费，支付给生产工人的工资、奖金以及项目经理部（或分公司、工程处）一级为组织和管理工程所发生的全部费用支出。施工项目成本不包括劳动者为社会所创造的价值（如税金和计划利润），也不应包括不构成施工项目价值的一切非生产支出。施工项目成本是建筑业企业的产品成本，亦称工程成本，一般以项目的单位工程作为成本核算对象，通过各单位工程成本核算的综合来反映施工项目成本。

本章学习目标是：

1. 了解施工项目的组织形式
2. 掌握人工费的归集与核算要求
3. 掌握材料费的归集与核算要求
4. 掌握机械使用费的归集与核算要求
5. 掌握安全生产费的归集与核算要求

6. 掌握铁路项目架子队的核算要求

7. 掌握地铁盾构项目的核算要求

第一节　施工项目的组织形式

施工项目的成本核算必须根据施工项目的组织形式来开展。根据我国目前的法律框架，施工总承包企业可以对所承接的施工总承包工程内各专业工程全部自行施工，也可以将专业工程或劳务作业依法分包给具有相应资质的专业承包企业或劳务分包企业。据此，施工项目的组织形式可以分为以下几种。

一、专业分包

根据建筑法规，建筑工程总承包单位可以将承包工程中的部分工程发包给具有相应资质条件的分包单位；但是，除总承包合同中约定的分包外，必须经建设单位认可。施工总承包的，建筑工程主体结构的施工必须由总承包单位自行完成。禁止总承包单位将工程分包给不具备相应资质条件的单位。禁止分包单位将其承包的工程再分包。此类工程分包需要把握以下要点：

（1）承包单位必须具备相应的资质；

（2）必须经建设单位认可，或者在总承包合同中约定（即指定分包）；

（3）分包单位禁止将其承包的工程再分包。

由于目前国内大型施工企业都是技术管理型企业，很多施工企业都没有足够数量的劳务作业队伍，分包行为普遍存在。但是从审计署近几年的审计结果通报来看，分包过程中普遍存在一些问题，主要是把工程分包给一些不具备施工资质的劳务队伍，甚

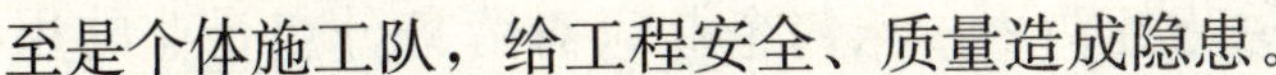
至是个体施工队，给工程安全、质量造成隐患。

专业分包工程成本核算的要点是及时准确地对分包单位已经完成的工程进行验工计价。这时需要由工程管理部门、计划核算部门定期对分包单位已经完成的合格工程量进行准确验收计量。实践中，需要把握既不能提前计量，又不能延后计量。应特别注意，对分包单位计量与对客户的工程计量是两码事，不能因为对客户未计量或已计量而影响对分包单位的计量，对分包单位的计量要根据分包合同和分包单位实际完成的合格工程量来进行。

由于专业分包或指定分包情形下，施工企业的利润来源主要是分包差，实务中经常采取表 4—1 的形式进行分析。

表 4—1

编号	项目名称	对客户		对分包商		对客户承包单价	对分包商承包单价
		已经计量	应计未计	已经计量	应计未计		

二、劳务分包

劳务分包是总承包企业或专业承包企业将自己所承接工程的劳务作业分包给具有相应资质的劳务分包企业。取得劳务分包资质的企业（以下简称劳务分包企业），可以承接施工总承包企业或专业承包企业分包的劳务作业。承包企业进行劳务作业分包必须使用有相关资质的企业，并应当按照合同约定或劳务分包企业完

成的工作量及时支付劳务费用。承包企业应对劳务分包企业的用工情况和工资支付进行监督，并对本工程发生的劳务纠纷承担连带责任。劳务企业要依法与农民工签订劳动合同。目前，建筑劳务分包企业资质有木工、砌筑、抹灰、石制、油漆、钢筋、混凝土、脚手架、模板、焊接、水暖电安装、钣金、架线等十三类作业，各类作业资质企业可承担各类相应作业分包业务，但单项业务合同额不超过企业注册资本金的5倍。

实践中，有的施工企业借劳务分包之名进行分包、转包，体现在以下方面：一是合同的封面名称是劳务分包，而合同内容实际上就是把整个工程肢解转包；二是错误地认为只要分包单价中不含主要材料费用就是劳务分包；三是与一家施工企业签订两份合同，一份是劳务费合同，一份是机械使用费合同。总之，上述行为都不属于法律允许的劳务分包，都是法律所禁止的。

三、自行施工

自行施工工程是总承包企业或专业承包企业将自己承包的工程自行组织劳动力和机械设备进行施工。在自行施工的组织方式下，施工作业管理与监控层由施工企业管理、技术人员和生产骨干组成，而劳务作业人员按其来源可以分为两类，一类是施工企业自行直接雇用劳务作业人员，施工企业需要与劳务作业人员签订劳动合同，并办理工伤、医疗或综合保险等社会保险，另一类是施工企业接收劳务企业的劳务人员，由施工企业与劳务企业签订劳务协议，劳务作业人员与劳务企业签订劳动合同，施工企业将接收的劳务企业的劳务人员编入施工企业的架子队或作业班组，再组织施工生产。

第二节　人工费的归集与核算

施工项目耗用的人工费主要包括参与该施工项目建设的在施工企业任职或受雇的员工的工资薪金及其附加费，施工项目雇佣独立劳务的费用，施工项目支付劳务派遣公司的费用，施工项目支付劳务分包的费用等。

一、核算形式与要求

（一）雇员薪金的核算形式与要求

工资薪金支出的对象是在本单位任职或受雇的员工，雇员取得的工资薪金不征营业税，应采用自制凭证处理。根据《国家税务总局关于离退休人员再任职界定问题的批复》（国税函〔2006〕526号），雇佣关系应同时符合以下条件：

（1）受雇人员与用人单位签订1年以上（含1年）劳动合同，存在长期或连续的雇佣或被雇佣关系；

（2）受雇人员因事假、病假、休假等原因不能正常出勤时，仍享受固定或基本工资收入；

（3）受雇人员与单位其他正式职工享受同等福利、社保、培训及其他待遇；

（4）受雇人员的职务晋升、职称评定等工作由用人单位负责组织。

采用工资表形式核算，需要以下原始凭证。

（1）考勤记录：用来考核职工出勤和缺勤情况的原始记录；

（2）工程任务单：安排作业班组执行施工任务的通知单，是

统计工作量和工时、计算计件工资和计算工程成本的依据；

(3) 工资卡：反映职工就职、离职、调动、工资级别调整和工资津贴变动等情况的卡片，是计算职工标准工资的原始凭证；

(4) 扣款通知单：财会部门据以从应付职工工资中代扣各种款项，计算职工实发工资的依据；

(5) 工资单（也称工资结算单）：按班组和职能部门编制，它是工资结算的凭证，又是支付工资的收据；

(6) 工资结算汇总表：用以汇总反映整个项目各班组、部门的应付工资，根据工资结算汇总表填制工资支取凭证，到银行提取现金，发放工资。

（二）独立劳务费的核算

企业接受非雇员个人提供的独立劳务，属于流转税的征收范围，无论是否超过起征点，均需凭税务机关开具的发票据以入账。即由个人到税务机关开具劳务发票，缴纳营业税（不超过起征点，免征营业税），并缴纳“劳务报酬所得”个人所得税。税务机关在开票时通常采用附征方法，如果税务机关开具发票时没有征收个人所得税，则企业在支付价款时，应按“劳务报酬所得”的计算方法扣缴个人所得税。施工项目会经常接受相关独立劳务，如接受专家的咨询指导、聘请专家讲课等，此种情况下，应该按照上述方法进行正确的会计处理，而且发票应当由提供独立劳务者的居住地的主管税务机关开具。

（三）劳务派遣费的核算

施工企业接受劳务派遣公司的劳务派遣，应当由劳务派遣公司向施工企业提供相同金额的发票，此时劳务派遣公司应当向施工企业提供服务业发票。

劳务派遣公司应将从用工单位收取的全部价款减去代收转付给劳动力的工资和为劳动力办理社会保险及住房公积金后的余额

为营业额。即劳务公司采取全额开票、差额纳税办法，凡支付给个人的各项费用均可在计算营业税时扣除。营业税按月计算，本期扣除额大于收入额的，结转下期抵扣。此时的服务业发票应当由劳务派遣公司注册地的主管税务机关开具。

二、工资的计算与支付

（一）不同岗位的工作制问题

根据《劳动部关于企业实行不定时工作制和综合计算工时工作制的审批办法》（劳部发〔1994〕503 号），企业因生产特点不能实行《劳动法》第三十六条、第三十八条规定的，可以实行不定时工作制或综合计算工时工作制等其他工作和休息办法。

企业对符合下列条件之一的职工，可以实行不定时工作制：

（1）企业中的高级管理人员、外勤人员、推销人员、部分值班人员和其他因工作无法按标准工作时间衡量的职工；

（2）企业中的长途运输人员、出租汽车司机和铁路、港口、仓库的部分装卸人员以及因工作性质特殊，需机动作业的职工；

（3）其他因生产特点、工作特殊需要或职责范围的关系，适合实行不定时工作制的职工。

企业对符合下列条件之一的职工，可实行综合计算工时工作制，即分别以周、月、季、年等为周期：

（1）交通、铁路、邮电、水运、航空、渔业等行业中因工作性质特殊，需连续作业的职工；

（2）地质及资源勘探、建筑、制盐、制糖、旅游等受季节和自然条件限制的行业的部分职工；

（3）其他适合实行综合计算工时工作制的职工。

根据上述内容，施工企业的职工根据其岗位不同应该有三类工作制：第一，企业的高级管理人员、司机等，应该实行不定时

工作制；第二，企业机关的工作人员应该实行标准工作时间工作制；第三，施工项目部的人员应该实行综合计算工时工作制。之所以需要分清这些概念，是由于三种不同工作制的工资尤其是加工费的计算方法是不同的。常见的一类现象就是施工项目本来实行综合计算工时工作制，但有的项目却按标准工作时间工作制计算加班费。

实行综合计算工时工作制，其平均日工作时间和平均周工作时间应与法定标准工作时间基本相同，也就是说，在综合计算周期内，某一具体日（或周）的实际工作时间可以超过 8 小时（或 40 小时），但综合计算周期内的总实际工作时间不应超过总法定标准工作时间，超过部分应视为延长工作时间并按《劳动法》的规定支付报酬。《劳动法》规定，安排劳动者延长时间的，支付不低于工资的 150％的工资报酬，其中法定休假日安排劳动者工作的，支付不低于工资的 300％的工资报酬。而且，对于实行不定时工作制和综合计算工时工作制等其他工作和休息办法的职工，企业应根据《劳动法》第一章、第四章有关规定，在保障职工身体健康并充分听取职工意见的基础上，采用集中工作、集中休息、轮休调休、弹性工作时间等适当方式，确保职工的休息、休假权利和生产、工作任务的完成。

（二）关于假期工资的计算

受施工企业生产特点的影响，职工加班是比较普遍的现象，由于施工项目一般不能实行标准工作时间，所以加班费的计算也就比较复杂。

根据《劳动法》的相关规定，假期分为“法定节假日”和“休息日”两类。法定节假日期间安排劳动者加班，应按不低于日或者小时工资基数的 300％支付加班工资。休息日期间安排劳动者加班，应当安排其同等时间的补休，不能安排补休的，应按照不低于日或者小时工资基数的200%支付加班工资。即法定节假日加班的劳动者，应直接获得加班费，单位不能以倒休、补休来冲抵加班费。

1. 加班工资基数的确定

一是按照劳动合同约定的劳动者本人工资标准确定；二是劳动合同没有约定的，按照集体合同约定的加班工资基数确定；三是劳动合同、集体合同均未约定的，按照劳动者本人正常劳动应得的工资确定。同时，加班工资基数不得低于所在地规定的最低工资标准。

2. 关于职工全年月平均工作时间和工资折算问题

根据《全国年节及纪念日放假办法》（国务院令第513号）的规定，全体公民的节日假期由原来的10天增设为11天。据此，职工全年月平均制度工作天数和工资折算办法分别调整如下。

（1）制度工作时间的计算。

年工作日：365天－104天（休息日）－11天（法定节假日）＝250天

季工作日：250天÷4季＝62.5天/季

月工作日：250天÷12月＝20.83天/月

工作小时数的计算：以月、季、年的工作日乘以每日的8小时。

（2）日工资、小时工资的折算。按照《劳动法》第五十一条的规定，法定节假日用人单位应当依法支付工资，即折算日工资、小时工资时不剔除国家规定的11天法定节假日。据此，日工资、小时工资的折算为：

日工资：月工资收入÷月计薪天数

小时工资：月工资收入÷（月计薪天数×8小时）

月计薪天数：（365天－104天）÷12月＝21.75天

案例4—1

某职工月工资标准为2 000元，如果用人单位在法定节假日安排其加班1天，其加班工资为：2 000元÷21.75天×300%×1天=275.86（元）；如果用人单位安排该职工在休息日加班1天且不能补休，其加班工资为：2 000元÷21.75天×200%×1天=183.9（元）。

（三）工资支付的相关规定

根据《建设领域农民工工资支付管理暂行办法》（劳社部发〔2004〕22号），施工企业工资支付应遵循以下规定。

（1）施工企业应依法通过集体协商或其他民主协商形式制定内部工资支付办法，并告知本企业全体农民工，同时抄报当地劳动和社会保障行政部门与建设行政主管部门。企业内部工资支付办法应包括以下内容：支付项目、支付标准、支付方式、支付周期和日期、加班工资计算基数、特殊情况下的工资支付以及其他工资支付内容。

（2）企业应当根据劳动合同约定的农民工工资标准等内容，按照依法签订的集体合同或劳动合同约定的日期按月支付工资，并不得低于当地最低工资标准。具体支付方式可由企业结合建筑行业特点在内部工资支付办法中规定。企业应将工资直接发放给农民工本人，严禁发放给“包工头”或其他不具备用工主体资格的组织和个人。企业可委托银行发放农民工工资。企业支付农民工工资应编制工资支付表，如实记录支付单位、支付时间、支付对象、支付数额等工资支付情况，并保存两年以上备查。

（3）工程总承包企业应对劳务分包企业工资支付进行监督，督促其依法支付农民工工资。工程总承包企业违反规定将工程发包、分包给不具备用工主体资格的组织或个人的，应承担清偿拖欠工资连带责任。

(4) 业主或工程总承包企业未按合同约定与建设工程承包企业结清工程款，致使建设工程承包企业拖欠农民工工资的，由业主或工程总承包企业先行垫付农民工被拖欠的工资，先行垫付的工资数额以未结清的工程款为限。企业因被拖欠工程款导致拖欠农民工工资的，企业追回的被拖欠工程款，应优先用于支付拖欠的农民工工资。

(5) 施工企业应按有关规定缴纳工资保障金，存入当地政府指定的专户，用于垫付拖欠的农民工工资。

三、归集与处理

(一) 根据受益对象归集成本费用

企业应当在职工为其提供服务的会计期间，将应付的职工薪酬确认为负债，除因解除与职工的劳动关系给予的补偿外，应根据职工提供服务的受益对象，分别下列情况处理。

1. 施工项目的职工薪酬计入合同成本

其中，应由建造合同负担的直接施工人员的职工薪酬记入“工程施工——合同成本”，现场管理人员的职工薪酬记入“工程施工——间接费用”。从事机械作业人员的职工薪酬先记入“机械作业”，从事辅助生产人员的职工薪酬先记入“辅助生产”，然后再分配转入“工程施工——合同成本”。

2. 施工企业机关管理人员的职工薪酬计入管理费用

施工企业机关管理人员的职工薪酬属于企业的期间费用，直接记入“管理费用”。

(二) 货币性薪酬的处理

1. 具有明确计提标准的职工薪酬

对于国家规定了计提基础和计提比例的职工薪酬项目，企业

应按照国家规定的计提标准，计量企业承担的职工薪酬义务和计入成本费用的职工薪酬。

（1）“五险一金”，即医疗保险费、养老保险费、失业保险费、工伤保险费、生育保险费和住房公积金。按照规定，企业应按照国务院、所在地政府或年金计划规定的标准，计提应付职工薪酬义务和相应计入成本费用的薪酬金额。

（2）工会经费。施工项目还应根据有关规定，按照职工工资总额2%的计提标准计提工会经费并相应计入合同成本的薪酬金额。自2010年7月1日起，企业拨缴的工会经费，不超过工资薪金总额2%的部分，凭工会组织开具的《工会经费收入专用收据》在企业所得税前扣除。

（3）职工教育经费。按照职工工资总额1.5%的计提标准计提职工教育经费并相应计入成本费用的薪酬金额。对企业当年提取并实际使用的职工教育经费，在不超过计税工资总额2.5%以内的部分，可在企业所得税前扣除。

2. 没有明确计提标准的货币性薪酬

对于国家（包括省、市、自治区政府）相关法律法规没有明确规定计提基础和计提比例的职工福利费，企业应根据历史经验数据和自身实际情况，预计应付职工薪酬金额和应计入成本费用的薪酬金额；每个资产负债表日，企业应当对实际发生的福利费金额和预计金额进行调整。

（三）非货币性薪酬的处理

1. 以自产产品或外购商品发放给职工作为福利的

（1）企业以其生产的产品作为非货币性福利发放给职工的，应当按照该产品的公允价值和相关税费，计量应计入成本费用的职工薪酬，并确认为主营业务收入，其销售成本的结转和相关税费的处理，与正常销售商品相同。

(2) 以外购商品作为非货币性福利发放给职工的，应当按照该商品的公允价值和相关税费（不确认为收入），计量应计入成本费用的职工薪酬。

以自产产品或外购商品发放给职工作为福利的情况下，根据受益对象，计入相关资产成本或当期损益，同时确认为应付职工薪酬。

2. 将企业拥有的房屋等资产无偿提供给职工使用的

将企业拥有的房屋等资产无偿提供给职工使用的，应当根据受益对象，将该住房每期应计提的折旧计入相关资产成本或费用，同时确认应付职工薪酬。

3. 租赁住房等资产供职工无偿使用的

租赁住房等资产供职工无偿使用的，应当根据受益对象，将每期应付的租金计入相关资产成本或当期损益，并确认应付职工薪酬。

难以认定受益对象的非货币性福利，应当直接计入当期损益和应付职工薪酬。

案例 4—2

某施工企业承建 A 市地铁某标段施工任务，该标段分为一站两区间，其中一区间采用矿山法施工，另一区间采用盾构法施工。车站由本企业的内部施工队（以下简称车站队）施工，矿山法采用企业组建的架子队（以下简称架子队）施工，架子队的技术和管理人员由企业正式职工担任，劳务作业人员由东方劳务公司提供，盾构法由企业的盾构工班组织施工。

20×0 年 5 月，项目部劳资计划部门对当月的应发工资情况进行了测算统计。项目部管理人员共有 30 名，当月应发工资 150 000 元；车站队共有职工 200 名，当月应发工资1 600 000 元；架子队管理人员 20 名，应发工资 100 000 元，东方劳务公司

提供劳务作业人员100名，工资由项目部代发，应发工资800 000元，项目部应支付东方劳务公司服务费200 000元；盾构工班共有职工50名，当月应发工资500 000元。

分析：项目部管理人员的工资应该记入“工程施工——间接费用”，采用工资表的形式入账。车站队由于是内部队，也采用工资表的形式入账，记入“工程施工——合同成本——直接人工费”。架子队管理人员由于是内部职工，其发生的成本采用工资表的形式入账，但由于工作性质是直接从事施工生产，不属于项目部的管理人员，所以应该记入“工程施工——合同成本——直接人工费”；而劳务公司提供的劳务作业人员的工资，尽管由项目部代发，但由于其不是企业内部职工，不能采用工资表的形式入账，需要由劳务公司提供服务业发票，即需要提供金额为劳务作业人员工资和劳务公司服务费两项之和的发票，项目部采用该发票入账。盾构工班从事的是机械作业，所发生的工资应先记入“机械作业”科目，期末转入“工程施工——合同成本——机械使用费”，由于其都是内部职工，采取工资表形式入账。

实务中，对计提工资业务一般采取工资分配表的形式记录，而在发放时采取上述规范的形式进行账务处理。其会计处理是：

借：工程施工——合同成本——直接人工费　　2 700 000
　　　　　　——间接费用　　150 000
　　机械作业　　500 000
　贷：应付职工薪酬——工资　　3 350 000

至此，读者可能要问，写错了吧？怎么劳务公司的工资和服务费都记入“应付职工薪酬”了呢？没有错。因为根据现行的《企业会计准则》，“职工”的概念比较宽泛。《企业会计准则讲解(2008)》明确说明：“在企业的计划和控制下，虽未与企业订立劳动合同或未由其正式任命，但为其提供与职工类似服务的人员，也属于职工薪酬准则所称的职工。比如，企业与有关中介机构签订劳务用工合同，虽然企业并不直接与合同下雇佣的人员订立单项劳动合同，也不任命这些人员，但通过劳务用工合同，这些人员在企业相关人员的领导下，按照企业的工作计划和安排，为企业提供与本企业职工类似的服务；换句话，如果企业不使用这些劳务用工人员，也需要雇佣职工订立劳动合同提供类似服务，因而，这些劳务用工人员属于职工薪酬准则所称的职工。”

案例 4—3

承上例，假设企业根据历史经验和自身实际情况，预测项目的职工福利费金额为职工薪酬的 5%，受益对象为上述所有人员。其会计处理是：

借：工程施工——合同成本——直接人工费　　135 000
　　　　　　——间接费用　　7 500
　　机械作业　　25 000
　贷：应付职工薪酬——福利费　　167 500

实际开支福利费时，

借：应付职工薪酬——福利费　　167 500
　贷：银行存款（等）　　167 500

如“应付职工薪酬——福利费”科目，年末有余额，应将其余额转出。调整时，原则上，应按原预测受益对象对应的成本科目调整；实务中，可根据重要性原则，简化处理。

案例 4—4

某施工企业为总部各部门经理级别以上职工提供汽车免费使用，同时为副总经理以上高级管理人员每人租赁一套住房。该公司总部共有部门经理以上职工 50 名，每人提供一辆桑塔纳汽车免费使用，假定每辆桑塔纳汽车每月计提折旧 1 000 元；该公司共有副总经理以上高级管理人员 10 名，公司为其每人租赁一套月租

金为 8 000 元的公寓。该公司每月应作如下账务处理：

借：管理费用　　130 000

　贷：应付职工薪酬——非货币性福利　　130 000

借：应付职工薪酬——非货币性福利　　130 000

　贷：累计折旧　　50 000

　　　其他应付款　　80 000

从以上举例可以看出，“应付职工薪酬”科目的核算，应首先确认应付职工薪酬负债，然后再从“应付职工薪酬”科目中开支。

实务中，有些人经常混淆福利费和非货币性福利这两个明细科目。按照《企业会计准则讲解（2008）》的讲解，福利费是主要包括职工因公负伤赴外地就医路费、职工生活困难补助、未实行医疗统筹企业职工医疗费用，以及按规定发生的其他职工福利支出；而非货币性福利是指企业以自己的产品或外购商品发放给职工作为福利，企业提供给职工无偿使用自己拥有的资产或租赁资产供职工无偿使用，比如提供给企业高级管理人员使用的住房，免费为职工提供诸如医疗保健的服务，或向职工提供企业支付了一定补贴的商品或服务等，如以低于成本的价格向职工出售住房等。

第三节　材料费的归集与核算

施工项目耗用的材料费用主要包括施工生产过程中耗用的构

成工程实体或有助于形成工程实体的原材料、辅助材料、构配件、零件、半成品的成本和周转材料的摊销及租赁费用。周转材料是指企业在施工过程中能多次使用并可基本保持原来的实物形态而逐渐转移其价值的材料，如施工中使用的模板、挡板和脚手架等。

一、材料入账价值的确定

材料应当按照成本进行初始计量。材料成本包括采购成本、加工成本和其他成本。

外购的材料按采购成本入账。采购成本包括以下内容：

（1）购买价款。

（2）相关税费。包括进口关税、小规模纳税人的增值税。不包括一般纳税人的增值税。

（3）运杂费。包括运输费、装卸费、搬运费、保险费、包装费、中途的仓储费。采购人员的差旅费通常不计入外购材料的成本，而应计入管理费用。

（4）运输途中的合理损耗。应注意，非合理损耗不能计入存货成本，非合理损耗的处理分别记入“其他应收款”（采购人员赔偿等）、“管理费用”（无法查明原因）、“营业外支出”（非常原因如自然灾害等）科目。

（5）入库前的挑选整理费。入库前发生的挑选整理费计入成本，但入库后发生的一些管理费用不能计入成本。

加工取得的存货按以下成本入账：

（1）采购成本（材料的成本）。

（2）加工成本（直接人工、制造费用）。

（3）使存货达到目前场所和状态所发生的其他成本，如定制产品的专属设计费用。

在确定存货成本时应注意，下列费用不应计入存货成本，而应在其发生时计入当期损益：

（1）非正常消耗的直接材料、直接人工及制造费用，如台风、地震等造成的损失，应计入营业外支出，定额内的废品损失计入存货成本，超过定额的废品损失视具体情况作出处理。

（2）企业在采购入库后发生的储存费用应计入当期损益。但在生产过程中为达到下一个生产阶段所必需的仓储费用则应计入存货成本。

二、材料发出的核算

企业在确定发出存货的成本时，可以采用先进先出法、移动加权平均法、月末一次加权平均法或个别计价法。先进先出法，假定先购进的货物先发出，按这个顺序来确定发出存货的成本；月末一次加权平均法，全月只算一个加权平均单价，月中发出产品时不结转成本，一般到月末计算出全月加权平均单价后再结转成本；移动加权平均法，每采购一批就要计算一次加权平均单价；个别计价法，对于不能替代使用的存货、为特定项目专门购入或制造的存货以及提供的劳务，通常采用个别计价法确定发出存货的成本。

企业不得采用后进先出法确定发出存货的成本。会计上的计价与实务的流转不是一回事，核算成本无论采用哪种方法，都是会计上的一种假定。例如煤厂，后挖出来的煤一定是堆在上面，所以先卖出去，实物流转一定是后进先出，但会计核算不能用后进先出法。

对于性质和用途相似的存货，应当采用相同的成本计算方法确定发出存货的成本。

在实务中，材料发出业务可以采用日常分项成本结转和月末集中成本结转两种方法进行核算。

日常分项成本结转是平时根据发生的每项领料业务的凭证进行账务处理。其优点是能及时核算和监督材料耗用，缺点是日常核算较烦琐。

月末集中成本结转是平时对发生的领料业务不作账务处理，等到月末将发生的各种发料凭证进行全部汇总编制发出材料汇总表，然后根据发出材料汇总表进行发出材料成本核算。其优点是可以简化平时核算工作，通过发出材料汇总表全面了解本月材料的用途和规模，缺点是月末核算工作量大。

材料发出后，要根据材料的具体用途，确定具体的结转科目。如是施工生产过程中耗用的构成工程实体或有助于形成工程实体的原材料、辅助材料、构配件、零件、半成品，成本要转入“工程施工——合同成本——直接材料费”；如是机械设备耗用的油料、配件，成本要转入“机械作业”或“工程施工——合同成本——机械使用费”；如是用于继续加工，如用水泥加工成混凝土、用钢筋加工成格栅等，成本要转入“辅助生产”；如是项目部领用的物料，成本要转入“工程施工——间接费——物料消耗”等。

三、材料直发现场情形下的核算

目前的施工项目一般规模较大，线路较长。因此，很多情况下，施工项目是将采购后的物资直接发往施工现场，而不通过项目部的材料库管理。在这种情况下怎么核算呢?

(一) 要完善材料入库的内部控制程序

实务中，一般是材料商委托运输企业将材料直接发往施工队，由施工队签发收料单，运输企业持收料单和运输小票、材料发票

到项目部物资部门结算入账。项目部的会计处理是，借记“原材料”，贷记“应付账款”（材料商）。

（二）要区分具体情况确定材料发出的会计核算

如果收料的施工队是外部队，且材料费包括在分包单价中（包工包料的大包情形），那么项目部的会计处理是：借记“应付账款”，贷记“原材料”。如果收料的施工队是外部队，但材料费未包括在分包单价中（包工不包料的情形），此时材料的所有权仍然属于项目部，项目部必须对施工现场的材料采取管控措施。一种措施是采用人员控制措施，即对在施工现场的材料设置保管员，建立收发料手续，施工队领用材料需要通过项目部设在现场的保管员；另一种措施是对现场的材料实行期末盘点制，期末倒推出当期的材料消耗量，并结合施工队伍当期完成的实物工程量分析施工队的材料节超情况，并通过系列措施防止施工队倒卖材料的行为。

实务中，此种情形下的会计核算容易出现两种问题。一种问题是施工项目将存放在内部队（或包工不包料的外部队）的材料直接列消耗。前面已经讲过，将材料直接存放在了施工现场，但材料并没有立即消耗，这时有的施工项目为了图省事，直接将材料列消耗，既不利于材料的管理，也提前加大了项目的成本。另一种问题是施工项目放弃了对材料消耗的过程控制，实践中时有发生的施工队倒卖材料的行为就说明了这一问题。不管是内部队还是外部队，项目部必须对其材料消耗进行全方位的管控，既要采取严格的材料收发内部控制，又要经常对材料的节超情况进行分析，一旦出现问题要及时进行处理。

我们用具体的例子来说明这种情形下的核算过程。

案例 4—5

某施工项目部承担某铁路隧道施工任务，下设进口施工队和出口施工队两个队伍分别承担隧道的进口和出口施工任务，以及一个混凝土搅拌站承担混凝土加工的任务。其中：进口施工队是企业内部队伍，出口施工队是业主允许的分包队伍（包工包料）。工程所需要的主要材料由项目部供应，采用计划单价核算。由于项目部管理人员不足，项目部不设材料库，采购的材料直接发往各施工队或搅拌站，采用期末盘点的方法倒挤当期各施工队材料消耗的数量。某月发生的业务如下。

(1) 5 日，项目部收到采购的钢材一批，分别发往进口施工队 50 吨和出口施工队 50 吨，发票注明数量 100 吨，金额 50 万元（含增值税）。该材料的计划单价为每吨 4 800 元。经两个施工队的材料管理员与运输商共同验收，数量相符、质量合格。

分析：由于这两个队伍分别属于内部队伍和外部队伍，需要作出不同的会计处理。对进口施工队，由于其是内部队，材料虽然放在了其现场，但仍属于项目部的物资，因此应作为存货管理。正确的会计处理是：

借：原材料——主要材料（辅助核算：进口施工队）

240 000（4 800×50）

材料成本差异　　10 000

贷：应付账款——××供货商　　250 000

这时，应提供的原始凭证应该有：运输商的运输小票、经项目部审核的进口队和运输商共同签认的点验单、发票。

对出口施工队，由于其是外部队，其接收了材料后，就意味着材料所有权的转移。因此，外部队接收材料对项目部而言实际

上就成了两笔业务，即项目部购买材料和项目部向外部队发出材料。

首先，确认项目部收到从供货商取得材料，会计处理如下：

借：原材料——主要材料（辅助核算：出口施工队）

240 000（4 800×50）

材料成本差异　　10 000

贷：应付账款——××供货商　　250 000

这时，应提供的原始凭证应该有：运输商的运输小票、经项目部审核的出口队和运输商共同签认的点验单、发票。

然后，再进行项目部对外部队发料的会计处理：

借：应付账款——应付工程款（出口施工队）　　240 000

贷：原材料——主要材料（辅助核算：出口施工队）

240 000

说明：点验单至少一式四联，一联由施工队伍作为登记收料的凭据，一联作为项目部物资部门登记物资账的凭据，一联作为项目部财务部门登记增加原材料的凭据，最后一联作为项目部财务部门登记发出原材料的凭据（即抵做发料单）。

(2) 30日，项目部和进口施工队对材料进行盘点，假设钢材月初没有库存，月末盘点时钢材结余数量为20吨，据此计算出本月钢材的消耗量为30吨（50－20），经工程技术部门测算，基本与所完成的工程量的应耗钢材数量相符。此时的会计处理是：

借：工程施工——合同成本——直接材料费

144 000（4 800×30）

贷：原材料——主要材料（辅助核算：进口施工队）

144 000

会计处理的原始凭证是项目部和进口施工队共同出具的材料消耗表（根据月末材料盘点表填制）。需要注意的是，采用这种方法确认材料消耗，不能仅根据月末材料盘点表来倒挤材料消耗，必须由工程技术部门根据当月所完成的工程量测算材料的应耗量，只有基本相符时，才能确认当月材料的消耗。如果出现较大的差异，必须进行认真分析，防止施工队偷工减料甚至倒卖材料行为。

四、采用计划成本核算时的注意事项

施工项目的材料种类繁多，而且如果涉及工程分包，分包队伍领用项目部的材料若采用实际成本核算，既人为加大了核算业务的工作量，又不利于预算成本的编制及与分包队伍结算。所以，施工项目对材料一般都实行计划成本核算。

施工项目采用计划成本核算时，应该注意以下事项：

第一，计划单价的确定要与分包合同中确定的材料单价一致，而且如对某种材料实行了计划单价，该计划单价对所有的分包单位要一致，不得出现不同分包单位的计划单价不一致，也不得中途随意变更计划单价。之所以这样，是因为实行计划单价的目的是为了核算的简便，如果存在上述所言的不一致，将人为地增加核算的麻烦。

第二，计划单价的确定要与市场价格基本一致，甚至要高于市场价格，起码不能低于市场价格。因为如果计划单价与市场价格不一致，尤其是低于市场价格，分包队将从施工项目领取的材料变卖掉就能获利，从而增加其变卖材料的可能性。

五、周转材料摊销的核算

施工企业的周转材料主要包括钢模板、木模板、脚手架等可多次周转使用的材料。周转材料符合固定资产定义的，应当作为固定资产处理。符合存货的定义和确认条件的，按照使用次数分次计入成本费用，余额较小的，可在领用时一次计入成本费用，以简化核算，但为加强实物管理，应当在备查簿上进行登记。

采用分次摊销法摊销周转材料时，领用时按其账面价值，借记“周转材料——在用”，贷记“周转材料——在库”；摊销时应按摊销额，借记“工程施工——合同成本——直接材料费”，贷记“周转材料——摊销”；周转材料报废时应补提摊销额，借记“工程施工——合同成本——直接材料费”，贷记“周转材料——摊销”，同时按报废周转材料的残料价值，借记“原材料”，贷记“工程施工——合同成本——直接材料费”，并转销全部已摊销额，借记“周转材料——摊销”，贷记“周转材料——在用”。

案例 4—6

项目部将加工完成的钢模板运往施工现场开始使用，周转材料的账面价值是 48 万元。账务处理如下：

借：周转材料——在用　　480 000

　　贷：周转材料——在库　　480 000

根据项目部的周转材料摊销方法，项目部对周转材料采用分次摊销方法，假设该种钢模板共可以拆除 12 次，即该种周转材料按 12 次摊销。每次摊销时的账务处理如下：

借：工程施工——合同成本——直接材料费　　40 000

　　贷：周转材料——摊销　　40 000

假设上述周转材料在摊销了 10 次后，由于扭曲变形不再适宜使用，项目部准备作报废处理，则首先应补提摊销额。账务处理如下：

借：工程施工——合同成本——直接材料费　　80 000

　　贷：周转材料——摊销　　80 000

然后转销全部已提摊销额，账务处理如下：

借：周转材料——摊销　　480 000

　　贷：周转材料——在用　　480 000

最后根据报废周转材料的残料价值，借记“原材料”等科目，贷记原摊销时计入成本费用的对应科目。假设本例中报废周转材料的残料价值为 5 万元，则账务处理为：

借：原材料　　50 000

　　贷：工程施工——合同成本——直接材料费　　50 000

如果是租赁的周转材料，施工项目凭与租赁方签订的租赁合同、租金结算单和租赁发票，也应将支付的租金记入“工程施工——合同成本——直接材料费”。

第四节　机械使用费的归集与核算

机械使用费是指在施工生产过程中使用自有施工机械所发生的机械使用费、租入外单位施工机械的租赁费，以及按照规定支付的施工机械安装、拆卸和进出场费。

一、机械使用费的构成

施工机械使用费是指施工机械作业所发生的机械使用费以及

机械安拆费和场外运输费。施工机械使用费计算公式为：

$$\text{施工机械使用费} = \sum\left(\text{施工机械台班消耗量} \times \text{机械台班单价}\right)$$

机械台班单价由台班折旧费、台班大修费、台班经常修理费、台班安拆费及场外运费、台班人工费、台班燃料动力费、台班养路费及车船税组成。

（1）折旧费：施工机械在规定的使用年限内，陆续收回其原值及购置资金的时间价值；

（2）大修理费：施工机械按规定的大修理间隔台班进行必要的大修理，以恢复其正常功能所需的费用；

（3）经常修理费：施工机械除大修理以外的各级保养和临时故障排除所需的费用，包括为保障机械正常运转所需替换设备与随机配备工具附具的摊销和维护费用，机械运转中日常保养所需润滑与擦拭的材料费用及机械停滞期间的维护和保养费用等；

（4）安拆费及场外运费：安拆费是指一般施工机械（不包括大型机械）在现场进行安装与拆卸所需的人工、材料、机械和试运转费用以及机械辅助设施的折旧、搭设、拆除等费用；场外运费是指一般施工机械（不包括大型机械）整体或分件自停放场地运至施工场地或由一施工场地运至另一施工场地的运输、装卸、辅助材料及架线等费用；

（5）人工费：机上司机（司炉）和其他操作人员的工作日人工费及上述人员在施工机械规定的年工作台班以外的人工费；

（6）燃料动力费：施工机械在运转作业中所消耗的固体燃料（煤、木柴）、液体燃料（汽油、柴油）及水、电等；

（7）养路费及车船税：施工机械按照国家和有关部门规定应缴纳的养路费、车船税、保险费及年检费等。

二、自有机械费用的会计核算

施工企业或其所属内部独立核算的单位以自有机械直接进行机械施工，应当设置“机械作业”科目。本科目核算企业及内部独立核算的施工单位、机械站和运输队使用自有施工机械和运输设备进行机械作业（包括机械化施工和运输作业等）所发生的各项费用。本科目应设置“承包工程”和“机械作业”明细科目。在明细科目下，再按施工机械或运输设备的种类等成本核算对象设置明细账，并按规定的成本项目分设专栏，进行明细核算。“承包工程”明细科目核算为本单位承包的工程进行机械化施工和运输作业的成本，“机械作业”明细科目核算对外单位、本企业其他内部独立核算单位以及专项工程等提供机械作业（包括运输设备）的成本。

成本项目一般分为“人工费”、“燃料及动力”、“折旧及修理”、“其他直接费”、“间接费用”（为组织和管理机械作业生产所发生的费用）。

“人工费”成本项目核算机上操作人员工资、福利费等费用。

“燃料与动力”成本项目核算施工机械、运输设备在运转作业中消耗的固体燃料（煤、木柴）、液体燃料（汽油、柴油）及水、电等费用。

“折旧及修理”成本项目核算折旧费、大修理费、经常修理费、更换部件等费用。

“其他直接费”成本项目核算一般施工机械（不包括大型机械）整体或分件自停放场地运至施工场地或由一施工场地运至另一施工场地的运输、装卸、辅助材料及架线等费用，施工机械按照国家和有关部门规定应缴纳的养路费、车船税、保险费及年检费等。

“间接费用”成本项目核算为组织和管理机械作业所发生的费用。

企业发生的机械作业支出，借记“机械作业”科目，贷记“原材料”、“应付职工薪酬”、“累计折旧”等科目。期末，企业及其独立核算的施工单位、机械站和运输队为本单位承包的工程进行机械化施工和运输作业的成本要转入承包工程的成本，借记“工程施工——合同成本——机械使用费”，贷记“机械作业”科目；对外作业、专项工程等提供机械作业（包括运输设备）的成本，借记“劳务成本”，贷记“机械作业”科目。

关于施工机械的修理费，按《企业会计准则第 4 号——固定资产》的规定，不符合固定资产资本化条件的，应该费用化，即不计入工程成本。但按照《企业会计准则》的附录《会计科目和主要账务处理》，机械作业的成本项目依然有“折旧及修理”，这是矛盾的。笔者认为，在财政部对此没有具体要求之前，仍可按《会计科目和主要账务处理》的规定进行会计处理。在实际工作中，可以这样来理解和把握：第一，施工企业的固定资产修理费用符合固定资产确认条件的，应当计入固定资产的成本；第二，不符合固定资产确认条件的应当计入当期损益，但是，为执行建造合同的固定资产所发生的不符合固定资产确认条件的修理费用，应当计入建造合同成本，可以直接计入合同成本核算对象的，计入直接费用（即“机械作业”科目），不可以直接计入合同成本核算对象的，计入间接费用。这种处理方式同一般企业的差旅费用要计入当期损益，而施工项目的差旅费用要计入建造合同成本是类似的。

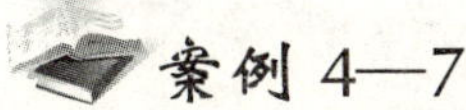

案例 4—7

某施工企业承建某大型水电站的引水洞工程，该引水洞的出渣任务由该施工企业内部独立核算的运输队承担。该运输队共有 20 台自卸车，40 名自卸车司机，10 名管理人员。某月发生的业务及账务处理如下：

(1) 当月该运输队领用零配件进行设备维修。根据领料单，当月领用领配件的价值 5 万元。

借：机械作业——承包工程——自卸车（折旧及修理） 50 000

贷：原材料 50 000

(2) 当月该运输队领用油料用于设备运转。根据领料单，当月领用油料的价值为 10 万元。

借：机械作业——承包工程——自卸车（燃料及动力） 100 000

贷：原材料 100 000

(3) 根据设备管理部门提供的设备折旧计算表，当月设备应该计提折旧 26 万元。

借：机械作业——承包工程——自卸车（折旧及修理） 260 000

贷：累计折旧 260 000

(4) 根据劳资部门提供的工资分配表，当月应发工资总额 37 万元，其中自卸车司机 32 万元，运输队管理人员 5 万元。

借：机械作业——承包工程——自卸车（人工费） 320 000

——承包工程——自卸车（间接费用） 50 000

贷：应付职工薪酬——工资 370 000

（5）运输队缴纳养路牌照费7万元，根据政府有关部门开具的收据进行处理。

借：机械作业——承包工程——自卸车（其他直接费）
70 000

贷：银行存款 70 000

（6）月末，将当月发生的成本转入工程成本。

借：工程施工——合同成本——机械使用费 850 000

贷：机械作业——承包工程——自卸车（折旧及修理）
310 000

——承包工程——自卸车（燃料及动力）
100 000

——承包工程——自卸车（人工费）
320 000

——承包工程——自卸车（其他直接费）
70 000

——承包工程——自卸车（间接费用）
50 000

如果本例中，该运输队不是承建的本单位工程，而是承接的外单位工程，费用发生时，“机械作业”的二级科目应该变为“机械作业”，月末则应该进行如下会计处理。

借：劳务成本 850 000

贷：机械作业——机械作业——自卸车（折旧及修理）
310 000

——机械作业——自卸车（燃料及动力）
100 000

——机械作业——自卸车（人工费）
320 000

——机械作业——自卸车（其他直接费）

70 000

——机械作业——自卸车（间接费用）

50 000

如果对外承接运输业务是公司的主营业务（可根据公司的营业执照判断），则处理如下。

借：主营业务成本　　850 000

　贷：劳务成本　　850 000

如果对外承接运输业务不是公司的主营业务，则处理如下。

借：其他业务成本　　850 000

　贷：劳务成本　　850 000

特别提醒

"劳务成本"是成本类科目，核算企业对外提供劳务发生的成本。结转劳务的成本，借记"主营业务成本"、"其他业务成本"等科目，贷记"劳务成本"。"劳务成本"期末借方余额，反映企业尚未完成或尚未结转的劳务成本。

三、外租机械费用的会计核算

外租机械的费用直接通过"工程施工——合同成本——机械使用费"科目归集。外租机械的费用主要包括：支付外租机械的租金，外租机械领用项目部的燃料、动力等。

外租机械费用的会计处理常用的原始凭证有：外租机械的合同，外租机械的出勤记录或生产记录，外租机械费用结算单、发票等。

在实务中，需要特别注意外租机械费用归集的原始凭证的充分性和适当性。有的企业将不含主材的分包价款分为人工费和机械使用费，而机械使用费依据完成的工程量以验工计价的形式确定，是不符合当前财税政策规定的。

案例 4—8

某项目部租用一台挖掘机在项目部从事零星任务施工。按照租赁合同，项目部每月支付给挖掘机机主 2 万元，挖掘机司机的工资为每月 3 000 元，由项目部承担，挖掘机每月的油料消耗也由项目部承担。某月的业务及账务处理如下：

（1）按照租赁合同，项目部支付机主租赁费 2 万元，取得了租赁发票。

借：工程施工——合同成本——机械使用费　　　20 000
　　贷：银行存款　　　　　　　　　　　　　　　　20 000

（2）按照租赁合同，项目部支付挖掘机司机工资 3 000 元，根据工资表或工资分配表进行处理。

借：工程施工——合同成本——机械使用费　　　3 000
　　贷：应付职工薪酬——工资　　　　　　　　　　3 000

（3）该台挖掘机当月从项目部领用油料，价款 4 000 万元，根据领料单进行处理。

借：工程施工——合同成本——机械使用费　　　4 000
　　贷：原材料　　　　　　　　　　　　　　　　　4 000

第五节　安全生产费的归集与核算

一、安全生产费的计提与开支

根据《高危行业企业安全生产费用财务管理暂行办法》（财企〔2006〕478号），建筑施工企业以建筑安装工程造价为计提依据。

各工程类别安全费用提取标准如下：

（1）房屋建筑工程、矿山工程为2.0%；

（2）电力工程、水利水电工程、铁路工程为1.5%；

（3）市政公用工程、冶炼工程、机电安装工程、化工石油工程、港口与航道工程、公路工程、通信工程为1.0%。

建筑施工企业提取的安全费用列入工程造价，在竞标时，不得删减。

国家对基本建设投资概算另有规定的，从其规定。

安全生产费用应当按照以下规定范围使用。

（1）完善、改造和维护安全防护设备、设施支出，其中：

1）矿山企业安全设备设施是指矿山综合防尘、地质监控、防灭火、防治水、危险气体监测、通风系统，支护及防治边帮滑坡设备、机电设备、供配电系统、运输（提升）系统以及尾矿库（坝）等；

2）危险品生产企业安全设备设施是指车间、库房等作业场所的监控、监测、通风、防晒、调温、防火、灭火、防爆、泄压、防毒、消毒、中和、防潮、防雷、防静电、防腐、防渗漏、防护围堤或者隔离操作等设施设备；

3）道路交通运输企业安全设备设施是指运输工具安全状况检测及维护系统、运输工具附属安全设备等。

（2）配备必要的应急救援器材、设备和现场作业人员安全防护物品支出。

（3）安全生产检查与评价支出。

（4）重大危险源、重大事故隐患的评估、整改、监控支出。

（5）安全技能培训及进行应急救援演练支出。

（6）其他与安全生产直接相关的支出。

在本办法（财企〔2006〕478号）规定的使用范围内，企业应当将安全费用优先用于满足安全生产监督管理部门对企业安全生产提出的整改措施或达到安全生产标准所需支出。企业提取安全费用应当专户核算，按规定范围安排使用。年度结余下年度使用，当年计提安全费用不足的，超出部分按正常成本费用渠道列支。集团公司经过履行内部决策程序，可以对所属企业提取的安全费用按照一定比例集中管理，统筹使用。企业应当建立健全内部安全费用管理制度，明确安全费用使用、管理的程序、职责及权限，接受安全生产监督管理部门和财政部门的监督。企业利用安全费用形成的资产，应当纳入相关资产进行管理。

下列费用不属于安全生产费用：

（1）企业应当为从事高空、高压、易燃、易爆、剧毒、放射性、高速运输、野外、矿井等高危作业的人员办理团体人身意外伤害保险或个人意外伤害保险，所需保险费用直接列入成本（费用），不在安全费用中列支。

（2）企业为职工提供的职业病防治、工伤保险、医疗保险所需费用，不在安全费用中列支。

二、安全生产费的核算

根据《企业会计准则解释第3号》，高危行业企业按照国家规定提取的安全生产费，应当计入相关产品的成本或当期损益，同

时记入“专项储备”科目。企业使用提取的安全生产费时，属于费用性支出的，直接冲减专项储备。企业使用提取的安全生产费形成固定资产的，应当通过“在建工程”科目归集所发生的支出，待安全项目完工达到预定可使用状态时确认为固定资产；同时，按照形成固定资产的成本冲减专项储备，并确认相同金额的累计折旧，该固定资产在以后期间不再计提折旧。“专项储备”科目期末余额在资产负债表所有者权益项下“减：库存股”和“盈余公积”之间增设“专项储备”项目反映。企业提取的维简费和其他具有类似性质的费用，比照上述规定处理。本解释发布（2009年6月11日）前未按上述规定处理的，应当进行追溯调整。

（1）提取时，一般分录为：

借：成本费用类科目

　　贷：专项储备——安全生产费

如，某铁路施工项目当月完成施工产值1 000万元，则月末提取安全生产费时，作如下处理：

借：工程施工——合同成本——其他直接费　　150 000

　　贷：专项储备——安全生产费　　150 000

（2）使用时，有两大用途：用于安全生产设备等的购建或用作与安全生产相关的费用化支出（如安全生产检查费等）。

购建安全生产设备等时，正常处理即可，不涉及专项储备；随后按照形成的固定资产成本冲减专项储备，并确认相同金额的累计折旧；该固定资产在以后期间不再计提折旧。其账务处理如下：

借：专项储备

　　贷：累计折旧

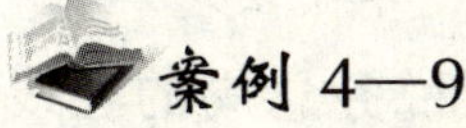

案例4—9

某施工项目购入了一台价值20万元的隧道安全监测仪器，作

为安全生产设备，则会计处理如下：

（1）购入时，凭安全生产设备的购置发票和其他相关原始凭证。

借：固定资产　　200 000

　　贷：银行存款　　200 000

（2）按照形成的固定资产成本冲减专项储备并确认相同金额的累计折旧。

借：专项储备　　200 000

　　贷：累计折旧　　200 000

（3）本月，发生与安全生产相关的费用化支出 10 万元。

借：专项储备　　100 000

　　贷：银行存款等　　100 000

案例 4—10

某施工项目本月进行安全生产培训，发生培训人员住宿餐饮费 2 万元，教材印刷费 4 万元，聘请教师讲课费 0.5 万元。则应作如下账务处理：

借：专项储备——安全生产费　　65 000

　　贷：银行存款　　60 000

　　　　应付职工薪酬——工资　　5 000

借：应付职工薪酬——工资　　5 000

　　贷：库存现金　　5 000

三、安全生产费的税前扣除

关于安全生产费用的税前扣除问题，目前国家税务总局还没有明确的文件规定，各地的执行政策也不完全一样。2009 年 4 月，国家税务总局所得税司副司长缪慧频在国家税务总局的在线访谈中答复道，按新会计准则规定，企业按规定提取的安全生产

费用相当于对股东的分配，不属于企业已实际发生的费用，也不同于准备金，所以企业按规定提取的安全生产费用不得在税前扣除。但企业为了保证安全生产，相应增加的安全设施相关支出可以直接扣除。

新疆地税局对安全生产费用税前扣除的政策是（根据新地税发〔2008〕69号文件），从事煤炭生产、矿山开采、建筑施工、危险品生产以及道路交通运输的企业以及其他经济组织，按标准提取的煤炭生产安全费用、高危行业企业安全生产费用，不得直接在所得税前扣除；其实际发生的上述费用，据实税前扣除；形成资产的，按照税法规定进行折旧或摊销。如果企业以前年度有此类遗留问题，也照此办法处理。

而河北省对安全生产费用税前扣除的政策是（根据冀地税函〔2008〕4号文件），根据《财政部、国家安全生产监督管理总局关于印发〈高危行业企业安全生产费用财务管理暂行办法〉的通知》（财企〔2006〕478号）规定，高危行业企业可按照规定标准提取安全生产费用，并在成本中列支，专门用于完善和改进企业安全生产条件。因此，对高危行业企业按规定提取的安全生产费用允许在税前扣除。

从以上文件可以看出，关于安全生产费用的税前扣除目前还存在争议，可以概括为两点：一是按提取金额扣除还是按实际发生金额扣除；二是安全生产支出形成的资产是直接扣除还是按照税法规定进行折旧或摊销。这些政策都有待于国家税务总局予以明确。

第六节　铁路项目架子队模式核算

根据铁道部《关于积极倡导架子队管理模式的指导意见》

（铁建设〔2008〕51 号）、铁道部办公厅《铁道部关于转发中铁工程总公司〈铁路工程项目实行架子队管理模式的指导意见〉和〈铁路工程项目实行架子队管理模式操作指南〉的通知》（办建设发〔2009〕57 号）规定，对铁路既有线改造（含铁路枢纽）、软土路基处理、桥隧工程及其他重要结构物、铺轨架梁、无砟轨道及四电工程等，各施工单位应积极采用架子队管理模式组织施工。

一、架子队的设置及管理

架子队是施工现场的基层施工作业队伍，是以施工企业管理、技术人员和生产骨干为施工作业管理与监控层，以劳务企业的劳务人员和与施工企业签订劳动合同的其他社会劳动者（统称劳务作业人员）为主要作业人员的工程队。

架子队主要按照“1152”模式（1 名队长，1 名技术主管，“5”为安全员、质量员、技术员、材料员、试验员，“2”为领工员、工班表的标准模式）配置管理与监控层，即设置专职队长、技术负责人，配置技术、质量、安全、试验、材料人员，现场配备领工员、工班长。上述“九大员”必须由施工企业正式职工担任，架子队主要组成人员应具有相应的作业技能，并经过岗位培训合格后方可上岗。领工员、工班长必须同时具备相应的组织能力和丰富的施工实践经验，其人员数量应能满足施工现场生产管理、各施工环节和过程不间断监督的需要。

施工现场的所有劳务作业人员均应纳入架子队统一集中管理，由架子队按照施工组织安排统筹劳务作业任务。班组作业人员应在领工员和工班长的带领下进行作业，确保每道工序和作业面有领工员、技术员、安全员跟班作业。架子队主要组成人员在施工过程中应保持稳定和完整，应根据施工组织安排及工程进度，适时调整作业班组用工数量。

架子队劳务用工应以劳务企业（公司）提供为主，以零散劳务人员为辅。施工承包单位接受劳务企业劳务人员时，应与劳务企业签订劳务协议，并应检查验证劳务企业与劳务人员签订的劳动合同，未签劳动合同的人员不得进入施工现场从事劳务作业活动。项目部应在授权后代表企业依法与零散劳务人员签订以一定工作任务为期限的劳动合同。

各施工单位要注意以下两点：一是要把好入口关，应选用劳务企业派遣的岗前培训合格的劳务人员。二是要建立劳务作业人员培训和持证上岗制度，培训情况应记录在教育培训档案中。从事技术工种的，上岗前必须取得相关职业资格证书；从事特种工种的，还应取得特种作业证书。

架子队应建立和实行技术交底制度，技术负责人就工程作业工序和环节向领工员、工班长进行书面技术交底，书面技术交底资料要归类存档备查。领工员、工班长应在实施作业前对班组作业人员进行工作和安全交底。

各施工单位应建立劳务作业人员工资支付保障制度，在开户银行设立劳务作业人员工资基金专户。

各施工单位要按照有关规定及标准为劳务作业人员提供符合安全、卫生标准的生产环境、生活设施、居住条件、作业条件、机械设备和安全防护用具，不得歧视劳务作业人员。

各施工单位必须自行管理架子队的材料供应、调配事项。特别是工程甲控材料必须集中采购供应，现场作业队不得擅自采购；“甲控料”及达到招标条件的主要材料必须进行公开招标，确保对主要材料的质量控制。

各施工单位应配置满足现场需要的基本施工机具和机械设备。特别是大型机具、关键施工设备必须由施工单位自备或租赁，设备要落实到单位工程，并保证统一组织调配。

各施工单位要建立健全架子队管理制度，制定完善的架子队管理办法，严格架子队绩效考核。现场项目管理机构应配备专职劳务管理人员。对劳务企业与劳务人员签订的合同要审查存档，劳务人员应登记造册，记录其身份证号、职业资格证书号、劳动合同编号以及业绩和信用等情况，基本情况报监理单位核备。

二、架子队模式需要把握的要点

（一）实行架子队模式管理要实现两个到位：人员到位、管理到位

人员到位是指架子队的施工作业管理和监控层人员必须由施工企业内部职工担任，而不能将原来包工队的管理人员直接摇身一变成为了架子队的管理人员。

管理到位是指架子队的管理人员必须对架子队实施真正的管理，不能只搭“架子”。管理内容包括：

第一，要做好劳务作业人员的培训上岗和日常管理工作。

第二，要建立和实行技术交底制度，技术负责人就工程作业工序和环节向领工员、工班长进行书面技术交底，书面技术交底资料要归类存档备查。领工员、工班长应在实施作业前对班组作业人员进行工作和安全交底。

第三，要做好劳务作业人员的工资发放工作，架子队要每月统计架子队作业人员的增减情况，按时足额发放劳务作业人员工资。

（二）要掌握架子队模式管理和分包转包的本质区别

架子队模式管理和分包转包有着本质的区别：

第一，架子队的材料供应，特别是主要材料或“甲控料”的供应必须由项目部集中采购供应，现场作业队不得擅自采购，而

分包或转包模式下，很多材料都由分包或转包单位采购。

第二，架子队管理模式下，现场需要的基本施工机具和机械设备，特别是大型机具、关键施工设备必须由施工单位自备或租赁，设备要落实到单位工程，并保证统一组织调配，而分包或转包模式下，机械设备一般都由分包或转包单位自备。

（三）要掌握架子队管理模式下会计核算的基本原则：成本还原、资金分散

架子队管理模式下，会计核算应把施工项目发生的成本进行全部还原反映，而且资金流向要与成本去向基本一致。具体是：施工项目发生的主要材料费要由项目部统一采购、供应；机械设备要由施工企业统一内部调拨，内部不足的，由项目部统一租赁，而不能由作业队自备；小型材料由项目部统一供应，如果由作业队自行采购，也要由项目部付款；劳务作业人员的工资要由项目部发放到每一位作业人员手中或委托银行代发，而不能由“包工头”代领。

（四）要掌握劳务公司在架子队的负责人和架子队管理人员的职责区别

实行架子队管理模式下，劳务公司肯定还会指定一个人或几个人负责对在施工项目提供劳务的劳务作业人员的管理。但是，施工企业一定分清劳务公司在架子队的负责人与架子队管理人员的职责区别，防止劳务公司在架子队的负责人形成新的“包工头”。

笔者曾经用一个比喻来区分二者，劳务公司在架子队的负责人好比学校班级里的班长，而架子队管理人员好比学校班级里的班主任，一个班级应该由班主任负责管理，班长可以在某种程度上协助管理，但只能是“某种程度”上，其主要任务仍然是“学习”，就像劳务公司在架子队的负责人的主要任务仍然应该是劳务

作业一样。

三、架子队模式会计核算框架

（一）施工项目要规划好架子队的组建形式

下面举例说明施工项目如何规划架子队的组建形式。

案例 4—11

某施工项目承建某铁路项目的隧道施工任务，根据隧道的长度，项目部决定组建两个架子队，分别承建隧道的出口和进口施工任务，每个架子队又分为掘进工班、出渣工班和衬砌工班。每个工班的劳务作业人员由劳务公司提供。根据项目部掌握的劳务资源，最终选定了东方劳务公司负责隧道进口架子队劳务作业人员的输出，北方劳务公司提供隧道出口架子队劳务作业人员的输出。同时，项目部为每个架子队配备了专职队长和技术副队长，配置了技术室、质量室、安全室、试验室、材料室五个职能科室，同时为每个队的掘进工班、出渣工班和衬砌工班设置了工班长和领工员，工班长负责工班的行政管理，领工员负责工班的技术管理，都由项目部的正式职工担任。项目部与两家劳务公司签订劳务用工协议，劳务公司输出的所有劳务人员均与劳务公司签订劳动合同并交项目部备案。项目部根据劳务公司输出的劳务人员的专业特长，分别将其编入各个工班。

（二）施工项目要规划好架子队的核算模式

施工项目要按照铁道部《关于积极倡导架子队管理模式的指导意见》的要求，根据项目的实际情况，明确架子队的核算模式。

第一，施工现场所需要的主要材料由项目部统一供应，所需要的衬砌、运输设备由项目部统一供应，上述两项费用不包含在对工班的目标成本中。项目部根据各个架子队下月的施工计划，对各架子队实行限额发料。项目部每月对项目部的材料节超情况进行考核，奖节罚超。

第二，建立对各个工班的绩效考核办法。在保证工程安全、质量、进度的前提下，以公司评估的预算成本为依据，计算出分项工程的目标成本，目标成本不含主要材料价格、机械设备的折旧费或租赁费，含人工费、小型材料费和机具费、工班管理费。项目部与各工班签订目标成本考核奖励协议，目标成本与实际发生的人工费、小型材料费以及管理费（人员办公费、交通住宿费等）三项费用总和之间的差额作为奖励基金。施工期间，根据工程进度分月考核，当工程安全、质量、进度等方面符合要求时，可全额发放当月奖金给各工班，否则项目部有权扣收部分甚至全部奖励基金。某分项工程发生的上述三项费用之和，原则上不得超过目标成本。

第三，小型材料及机具原则上由项目部统一供应，但包含在对工班的目标成本中、确需各工班自购时，按以下程序办理。

(1) 采购程序。具体按以下步骤办理：

第一步，项目部组织相关人员（可包括工班人员）就近选定几家小型建材供应商。

第二步，将选定的几家供应商的具体地址、联系人、联系电话等相关信息制成供应商明细表发至所有各工班，小型材料及机具价格由各工班与供应商商定。

第三步，印制小型材料及机具申购表，申购表要有统一编号，一式三联（自带复写功能），标明各联次用途，第一联工班自留，第二联与材料商结算，第三联与项目部财务结算，由各工班负责人到项目部登记领用。小型材料申购表样式如表 4—2 所示。

表 4—2

小型材料申购表

时间：　　　年　　月　　日　　　　　　　　　　　　　　　№：200913020001

单项工程名称			架子队名称		供应商名称		
小型材料名称	计量单位	单价	金额	小型材料名称	计量单位	单价	金额
工班负责人签认：		架子队负责人审批：			供应商签认：		

第四步，各工班根据第二周的施工任务填写小型材料及机具申购表，经所在架子队队长、技术负责人批准后，持其中一联到选定供应商处赊购材料。

（2）列销与付款程序。具体按以下步骤办理：

第一步，由核算员（或由工班指定人员报送）每周到各工班取回已开小型材料及机具申购表的其中一联，并到供应商处进行核对，核对无误后，定期转账支付货款。

第二步，付款后要求供应商开具发票和材料清单，并将材料发票和清单交物资部门点验入库。

第三步，物资部门将小型材料及机具发票、材料清单、材料点验单一起交财务部门入账。

第四步，月末，物资部门按工班编制发料单汇总表，经工班长签字后交财务部门入账。

四、架子队会计核算举例

（一）工班目标成本包含内容的核算

工班目标成本包含工班人工费、小型材料费及工班管理费等内容。工班目标成本核算要采取会计账簿和台账登记两种方式平行进行。会计账簿满足外部会计信息的需求，台账登记满足企业内部管理的需要。

1. 人工费

人工费包括工资和奖金两部分。

工资由各工班根据实际情况，按工种、岗位、能力等因素确定每名员工的工资标准，根据员工的考勤情况确定每月实际应发工资。每月 25 日，由核算员（或由工班指定人员报送）到各工班取工资表或根据各工班提供的考勤协助编制工资表，工资表由工班长签字，经项目部和架子队相关部门审核签字后按月入账。工

班必须按真实员工当月应得工资制表，原则上不能突破当月目标成本中所含的人工费。项目部给所有工班人员办理银行工资卡，发放工资卡时由本人签字并按手印领取，按月将工资款汇入员工本人的银行卡。因特殊原因不能办理工资卡、需现金发放工资时，工资表必须由员工本人签字，各工班负责人开具工资款总收据，收据和当月目标成本计算表单独存放，作为登记台账的依据。

设置奖金的目的主要是为了保证工程安全、质量、进度、文明施工等各项要求，提高施工人员积极性。项目部每月对各工班实际成本与目标成本进行分析，并考核其安全、质量、进度、文明施工等指标，当上述各项指标符合要求时，由各工班提供可靠的奖金发放表入账（可参考工资发放形式）。奖金按月以银行存款或现金形式发放，奖金发放表必须由员工本人签字。

由于项目架子队所需的劳务作业人员都由劳务公司提供，因此，记账的原始凭证应该是劳务公司开具的发票，项目部为劳务作业人员发放工资、奖金属于项目部的代发行为，应该同时取得劳务公司的收据、发票。

人工费的相关表格如表4—3、表4—4所示：

表4—3　　架子队20×0年××月份工资表

编制单位：××架子队　　　　金额单位：元

序号	工班	姓名	身份证号码	从事工种	出勤天数	日工单价	应发工资	签字

队长：（　）　领工员：(字)　代领人：(签字)(需授权)　编制人：(　　签字)

表 4—4　　　　架子队 20×0 年××月份工资发放明细表

编制单位：××架子队　　　　　　　　　　　　　　　　　　金额单位：元

序号	工班	姓名	工资卡号	应发工资	扣款事项				实发工资合计	领取人签字
					生活费	借款	保险费	扣款小计		

队长：（　　）领工员：（签字）　代领人：（签字）（需授权）　编制人：（　　　　签字）

2. 小型材料费

小型材料费包含在工班的目标成本当中，这是与主要材料的区别。小型材料可以由工班自行采购，凭采购发票到项目部报账，也可以由项目部代购，列入工班的目标成本之中。项目部凭小型材料发票和工班的收料单等，作如下会计处理：

借：工程施工——合同成本——直接材料费

　　贷：原材料

月末，核算员（或由工班指定人员报送）持发票复印件及付款证明，到各工班开具代付材料款收据，收据和当月目标成本计算表单独存放，作为登记台账的依据。

3. 工班管理费

核算各工班日常管理支出，具体包括办公费、交通费、住宿费、其他费用等，但以上费用必须取得合规发票。核算员（或由工班指定人员报送）按周收集整理发票，并编制费用汇总表，经相关领导签字后报销，工班长签字代领款项。其会计处理是：

借：工程施工——间接费用

贷：库存现金

各工班负责人开具管理费收据，收据和目标成本计算表单独存放，作为登记台账的依据。

上述费用由于包含在工班的目标成本中，为方便对工班目标成本与实际发生成本的考核，需要设置台账进行明细登记。台账主要分为架子队入账成本台账和架子队拨款台账，格式如表 4—5、表 4—6 所示。

（二）工班目标成本不包含内容的核算

1. 主要材料

实行架子队模式管理，工程所需的主要材料全部由项目部统一供应、管理、核算。项目部为防止工班浪费材料或偷工减料，可以对各工班的材料节超进行考核，对材料的合理节约进行奖励。

2. 机械费用

项目部与每台车主签订租赁合同，合同中约定的租金包含司机工资、柴油、附属油料、修理配件款等内容。合同中要注明此租赁价格已含税费，车主应向项目部提供租赁发票，如不能提供，税金由项目部代扣代缴，税金从租金中扣除。项目部采取以下形式与出租方结算：

（1）油料、修理等费用。出租方提供合法合规的发票，由核算员（或由工班指定人员报送）每周到各工班取回发票，并填制费用汇总表，履行签字手续后到财务部门报账。由出租方签字领取款项，作为项目部对出租方支付的部分租金。

（2）租金结算。月末，由物资设备部门填写机械租赁费结算单（如表 4—7 所示），经出租方和项目部相关部门签认后交财务部门，月末的租金结算要扣除当月出租方在项目部报销的油料和修理费，余额由出租方开具发票，如不能开具发票，由项目部代扣代缴税金。

表 4—5

架子队入账成本台账

工班名称：　　　　单项工程名称：　　　　金额单位：元

年度		凭证号	费用开支内容	计划目标成本	实际成本开支项							节（+）超（−）
月	日				工资	小型材料费	差旅费	办公费	……	……	费用开支合计	

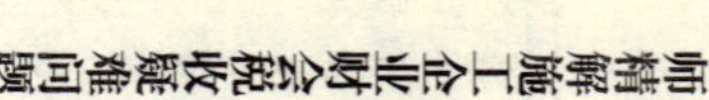

表 4—6

架子队拨款台账

工班名称：　　　　单项工程名称：　　　　金额单位：元

年度		凭证号	费用开支内容	计划目标成本	实际拨款项								节（+）超（-）
月	日				工资	小型材料费	差旅费	办公费	……	……	……	拨款合计	

表 4—7 **机械租赁费结算单**

年　月　日

<table>
<tr><td>设备名称</td><td></td><td>规格型号</td><td></td><td>原产地</td><td></td><td rowspan="2">车主姓名</td><td rowspan="2"></td></tr>
<tr><td>身份证号</td><td colspan="3"></td><td>车牌号</td><td></td></tr>
<tr><td>本月施工任务</td><td colspan="7"></td></tr>
<tr><td>运费吨公里单价</td><td colspan="2"></td><td colspan="2">本月结算租赁费</td><td colspan="3"></td></tr>
<tr><td>本月已支付油料修理费</td><td colspan="2"></td><td colspan="2">本月实际应支付租赁费</td><td colspan="3"></td></tr>
<tr><td colspan="2">现场调度意见：</td><td colspan="3">物资设备部意见：</td><td colspan="3">计划合同部意见：</td></tr>
<tr><td colspan="4">分管领导意见：</td><td colspan="4">主管领导意见：</td></tr>
</table>

第七节　地铁盾构项目核算

随着城市轨道交通事业的发展，地铁项目占施工企业的生产比重越来越大。由于盾构法施工在安全、环保方面的优势，因此在施工企业占据着重要位置。本节通过简要介绍成都地铁某盾构项目的生产程序，举例说明地铁盾构项目的会计核算。

一、地铁盾构项目的生产程序

（一）盾构机掘进

1. 盾构机掘进工序

盾构机掘进工序的工作内容是：盾构机刀盘旋转，刀具切削掌子面（刀盘配置 40 把滚刀、16 把边刮刀、28 把宽齿刀），同时

20组推进油缸顶推盾构机前进，螺旋输送机旋转出渣土传送至电瓶车，电瓶车将渣土运送至洞口，由40吨龙门吊吊至地面渣土坑，再由运输车辆运走。盾构机每前进1.5米即完成一环的掘进施工，然后开始预制管片拼装作业。

2. 掘进施工辅助工序

随着盾构机的前进，需要如下辅助工序用以完善盾构机施工。

（1）泡沫的加注：即刀盘旋转切削土体的同时向刀盘前方加注泡沫，用以改良土体，增加被切削的土体的流动性，降低刀具的磨损。

（2）盾尾油脂的加注：即推进油缸顶推盾构机的同时向尾盾与管片之间的空隙加注盾尾密封油脂，用以避免同步浆液、水、泥土沿着尾盾与管片之间的空隙渗入隧道内。

（3）同步注浆：即推进油缸顶推盾构机的同时向管片背后加注同步浆液，用以填充管片与围岩之间的建筑空隙，保证地面的沉降符合施工要求。

（4）轨道、水管、电缆、走道板、风管的延伸：即随着盾构机的前进，需要将能量供应线路向前延伸，以保证盾构机的正常前进。

3. 掘进所需材料

掘进所需材料主要有：电、冷却水、风、泡沫剂、盾尾油脂、黄油、主轴承密封脂、钢轨、钢枕、走道板、水管、风管、电缆、电话线、洞内照明灯具电缆、同步浆液。

（二）管片拼装

（1）管片拼装的准备工作：将预制混凝土管片由龙门吊吊至电瓶车的管片运输车上，由电瓶车运送至洞内，并用管片吊机将其吊放到管片供给车上。

（2）每当盾构机前进1.5米后，收回推进油缸，并用管片拼装机将预制的 6 块混凝土管片放置到收回的推进油缸的空间内，同时上紧管片与管片间连接螺栓。这样，就完成了一环掘进施工，之后开始下一个循环，继续进行掘进工序的操作。

(3) 管片拼装所需材料：预制混凝土管片、管片螺栓、管片吊装螺栓。

二、会计核算举例

(一) 耗用的构成或有助于形成工程实体的各类材料费用的核算

(1) 购置盾构钢筋混凝土管片和钢管片（含制作、试验和运输）。入账依据：管片采购协议书、物资点验单、发票等。账务处理如下：

借：原材料——结构件

　　贷：应付账款——应付购货款（供货商）

如是委托加工，入账依据为发料单、委托加工合同、委托加工结算单、发票等。需要进行如下会计处理：

借：委托加工物资

　　贷：原材料

借：原材料——结构件

　　贷：委托加工物资

　　　　应付账款

(2) 管片入洞拼装。入账依据为发料单。账务处理如下：

借：工程施工——合同成本——直接材料费

　　贷：原材料——结构件

(3) 消耗管片螺栓，即连接管片所用横向和纵向螺栓，每环管片使用 48 个。入账依据为发料单。账务处理如下：

借：工程施工——合同成本——直接材料费

贷：原材料——主要材料

（4）消耗管片止水材料，即相邻管片防水所用丁晴软木衬垫、胶粘剂、泡沫板、螺栓孔密封圈、三元乙丙止水条（含胶）等材料。入账依据为发料单。账务处理如下：

借：工程施工——合同成本——直接材料费

贷：原材料——主要材料

（5）消耗管片同步注浆材料，即盾构管片拼装后，管片背后和土层之间空隙的同步回填注浆，主要材料用到散装水泥、黄粘土、中细砂、膨润土、砂浆王、粉煤灰等，根据地质情况采用不同的配合比数据。入账依据为发料单。账务处理如下：

借：工程施工——合同成本——直接材料费

贷：原材料

（6）消耗二次注浆材料，管片拼装同步注浆后，注浆未能满足要求或需加强注浆，必须在管片背后填充的浆液，主要材料为水泥、水玻璃双液浆。入账依据为发料单。账务处理如下：

借：工程施工——合同成本——直接材料费

贷：原材料

（二）盾构机运行消耗的人工、燃料动力费用的核算

1. 盾构机及后配套设施操作人员费用的核算

借：机械作业——承包工程——盾构机——人工费

贷：应付职工薪酬——工资

入账依据：工资表或工资分配表。

2. 盾构机掘进过程消耗的各种材料费用的核算

包括主轴承密封脂、盾尾密封脂、BP 润滑油、BP 齿轮油、BP 液压油、BP 空压机油、LIV 锂基脂（黄油）等用于盾构掘进过程中消耗的各种油脂；用于盾构掘进中为保护盾构机刀盘和易于渣土排出和外运，对盾构机前方土体进行改良而消耗的纳基膨

润土、各类泡沫等材料。入账依据为发料单。

借：机械作业——承包工程——盾构机——燃料及动力费

贷：原材料——其他材料

3. 盾构机掘进消耗的水、电费用的核算

借：机械作业——承包工程——盾构机——燃料及动力费

贷：银行存款（或其他科目）

入账依据：电费单、水费单。

4. 折旧及修理费的核算

折旧包括盾构机主机按规定提取折旧费，以及为保证施工所配备的龙门吊机、浆液搅拌站、电瓶车、管片运输车、浆液运输车、渣土运输车、充电机、装载机、变电站等设备按规定提取的折旧费。修理费主要是掘进时磨损的盾构机刀具，包括可更换刀圈、边刮刀、宽刮刀、单刃滚刀、双刃滚刀、羊角刀、齿刀、盾尾密封刷等；盾构机及后配套设备维修保养所消耗的各种小五金、吊具、工具材料等。入账依据为转账通知书、发料单、折旧计提表等。

借：机械作业——承包工程——盾构机——折旧及修理费

贷：内部往来（公司管固定资产转的折旧费）

累计折旧（项目管固定资产提取的折旧）

原材料——机械配件

周转材料——低值易耗品

银行存款等科目

5. 掘进过程需要消耗的其他直接费的核算

高压电缆：为盾构机供电所需高压电缆、高压电缆中间接头、高压电缆终端接头。延隧道长度方向全长铺设。

管道及配件：掘进使用循环风水供给所铺设管道，含镀锌钢管、法兰盘、法兰盘密封垫、法兰盘螺栓、水管支架、水管蝶阀（含螺栓）、软风管（风筒、含挂钩）等材料。

轨道、走道板及配件：人员、材料及渣土进出洞或水平运输

材料；分轨道部分和走道板部分，轨道部分含轨道，含钢轨、鱼尾板、鱼尾板螺栓、钢枕、钢枕拉杆、轨距拉杆、压板、压板螺栓、枕木，走道板部分含走道板、走道板支架、尼龙绳护栏等。

隧道照明材料：为保证人员进出洞及轨道车辆运行安全，沿隧道长度方向架设的照明设施（盾构机结构范围内照明设施不在此范围内），含灯及灯架、铜芯线、电缆挂钩、照明线电缆支架、配电箱、瓷瓶、应急灯等。

上述材料有的属于周转材料类，有的属于固定资产类。入账依据为周转材料摊销表、折旧计提表。账务处理如下：

借：机械作业——承包工程——盾构机——其他直接费

　贷：周转材料——周转材料摊销

　　　累计折旧

（三）其他主要工序费用的核算

（1）渣土外运，包括自渣坑将渣土外运的费用，及渣土处理费用。入账依据为计价表、发票。

借：工程施工——合同成本——机械使用费

　贷：应付账款——应付工程款

说明：本举例的施工项目，渣土外运是客户指定分包的，如果是由施工项目自行组织运输队进行渣土外运，则需要通过“机械作业”科目核算，在本书的其他章节中有类似业务的举例。

（2）沿线建（构）筑物、地层加固，包括盾构机换刀位置地层加固处理及地面恢复、盾构机过特殊地层（如粉细砂层）钻孔注浆处理，施工过程中遇到管线的保护费用，以及为保证盾构机及地面安全所采用的加固费用。入账依据为工资发放表、材料消耗单等相关原始凭证。

借：工程施工——合同成本——人工费

　　　　　——合同成本——材料费

贷：应付账款——应付工程款

原材料等相关科目

(3) 隧道收尾。隧道收尾项目包括隧道掘进施工完成，盾构机已经从吊出井位置吊出后，洞内管线、轨道钢枕、走道板、风水管路等的拆除、运至地面指定位置堆放；管片漏水位置的封堵，隧道内遗漏渣土的清除，隧道管片表面的清洗等收尾项目。入账依据为工资发放表等相关原始凭证。

借：工程施工——合同成本——人工费

贷：应付职工薪酬——工资

(4) 其他工作。如渣坑施工，盾构机运输、组装、调试，盾构机调头、过站、转场，盾构机吊出、转运至停放场，龙门吊运输及组装、拆除，搅拌站建设及拆除，技术咨询及培训费用，始发托架、反力架制安，生产、生活设施建设，联络通道、洞门、端头加固，监测费，施工图设计，建筑物管线调查，补充地质勘察，上述工作发生的费用根据性质及发生的具体形式进行账务处理。

三、盾构机项目会计核算应注意的问题

(一) 盾构机计提折旧采用年限平均法还是工作量法

盾构机价值比较高，一台盾构机的价值少则三千多万，多则六七千万，盾构机计提折旧的方法对施工企业的影响很大。根据《企业会计准则》的规定，固定资产折旧方法应根据与固定资产有关的经济利益的预期实现方式合理选择。现行会计准则规定可选用的折旧方法包括年限平均法、工作量法、双倍余额递减法和年数总和法等；而现行税法规定，固定资产按照直线法计提的折旧，准予扣除，采取其他方法计提折旧需经主管税务机关批准。在会计准则规定的四种方法中，年限平均法和工作量法属于直线法，因此，关于盾构机计提折旧的方法常在二者中引起争论。那么，

这两种方法到底哪种更合理呢?

笔者认为，需要根据施工任务是否饱满连贯来确定。如果施工任务不连贯，盾构机有可能经常处于较为长期的闲置状态，采取任何一种方法都会显得不合理。比如，采取年限平均法，盾构机在闲置的状态下是没有磨损的，但是依旧在计提折旧，在极端的情况下，会造成一台大半成新的盾构机被计提完了折旧；再如，采取工作量法，盾构机在闲置状态下是不计提折旧的，但是如果闲置时间长，加之现实中科技进步快，很可能又有更先进的机器取而代之，造成盾构机不会被再使用但是账面仍有价值的情况产生。

盾构机是价值较高的固定资产，投资需要谨慎。该类固定资产的折旧应视产量是否稳定而定。如果各期产量相对稳定，采用年限平均法计提固定资产折旧较为合理；如果产量不稳定，采用工作量法计提折旧可能更合理一些。

（二）按盾构机的工作时间还是按产量计提折旧

实务中，一般认为盾构机按工作量法计提折旧比较合理。但是，工作量是按盾构机的工作时间还是按其产量计量呢?这就需要对盾构机产量的影响因素进行分析。

盾构机的产量受两方面因素影响，一是盾构机的运转时间，运转时间越长，产量越高；二是盾构机工作的地层，地层越好，盾构机的产量越高，反之，盾构机即使拼命地推，进尺也不多。当然，其产量也同操作人员的熟练程度有关。由于盾构机产量的影响因素很多，甚至存在盾构机虽然在运行，但产量并没有成比例增长的情形，所以盾构机的工作量不应按其产量计算。因此，不应按盾构机的产量计提折旧，而应该按盾构机的工作时间计提折旧。比如，假设盾构机主轴的理论旋转时间是 1 万小时，盾构机计提折旧就应该按盾构机主轴的旋转时间确定，即 1 万小时。

（三）盾构机刀具属于存货还是固定资产

盾构机刀具是盾构机的重要组成部分，具有单位价值高和磨损较严重的特点。那么，盾构机刀具属于固定资产还是存货呢？

笔者认为，这也要视具体情况而定。第一，首次购入盾构机包含的刀具肯定是盾构机的组成部分，应该将其与盾构机整体作为固定资产，没有必要将其单独作为固定资产。这好比轿车的车轮的磨损要比其他部件严重，但没有必要将车轮单独作为固定资产。第二，以后替换购入的刀具能否作为固定资产要看其是否符合固定资产的定义，主要视盾构机刀具的替换频率而定：如果盾构机需要一年替换几次刀具，就不能将其作为固定资产，而只能作为存货；如果需要超过一年才替换一次刀具，那么就应该将盾构机的刀具作为固定资产。

（四）为购置盾构机而发生的借款利息可否资本化并计入固定资产成本或建造合同成本

由于购置固定资产所需要的资金数额较大，很多施工企业购置固定资产是通过银行借款筹集资金的。那么，因购置盾构机而发生的专门借款的利息是否可以资本化呢？若准予资本化，应计入固定资产成本还是建造合同成本呢？

笔者认为，根据《企业会计准则》的规定，符合资本化条件的资产，是指需要经过相当长时间的购建或者生产活动才能达到预定可使用或者可销售状态的固定资产、投资性房地产和存货等资产。由于购置盾构机不需要“经过相当长时间”，所以因其发生的借款利息不能计入固定资产成本。但是，施工企业因购置盾构机而发生的借款，可以视为在合同建造过程中因资金周转等原因向银行借入的款项，期间发生的借款费用，符合《企业会计准则第 17 号——借款费用》规定的资本化条件的，应当计入合同成本。合同完成后发生的借款费用，应计入当期损益，不再计入合同成本。

CHAPTER

5 第五章 建造合同准则的应用

我国财政部于1998年6月25日颁布了《企业会计准则——建造合同》，要求从1999年1月1日起在上市公司施行。它的颁布、实施，对于进一步规范建造承包商建造合同的会计处理，提高会计信息的相关性和可靠性，推动我国证券市场乃至整个市场经济的发展，有着非常重要的意义。近年来，随着原准则执行过程中的情况和经济环境的变化，要求对原准则进行修订和完善。《企业会计准则第15号——建造合同》就是为了规范企业建造合同的确认、计量和相关信息的披露，根据《企业会计准则——基本准则》而制定的。

本章的学习目标是：

1. 了解建造合同的基本概念
2. 掌握合同成本的会计处理
3. 掌握合同收入和费用的确认和计量
4. 理解“存货——工程施工”的经济意义

第一节 建造合同概述

建筑安装企业和生产飞机、船舶、大型机械设备等产品的工业制造企业，其生产活动、经营方式有其特殊性：这类企业所建造或生产的产品通常体积巨大，如建造的房屋、道路、桥梁、水坝等，或生产的飞机、船舶、大型机械设备等；建造或生产产品的周期长，往往跨越一个或几个会计期间；所建造或生产的产品的价值高。因此，在现实经济生活中，这类企业在开始建造或生产产品之前，通常要与产品的需求方（即客户）签订建造合同。

建造合同是指为建造一项或数项在设计、技术、功能、最终用途等方面密切相关的资产而订立的合同。合同的甲方为客户，乙方为建造承包商。正因为建造承包商的生产活动及经营方式有其特殊性，因此，与建造合同相关的收入、费用的确认和计量也有其特殊性。《企业会计准则第 15 号——建造合同》（以下简称建造合同准则）规范了特定企业（即建造承包商）建造合同的确认、计量和相关信息的披露。

建造合同分为固定造价合同和成本加成合同。

固定造价合同，是指按照固定的合同价或固定单价确定工程价款的建造合同。例如，建造一座办公楼，合同规定总造价为 1 000 万元；建造一条公路，合同规定每公里单价为 500 万元。

成本加成合同，是指以合同约定或其他方式议定的成本为基础，加上该成本的一定比例或定额费用确定工程价款的建造合同。例如，建造一艘船舶，合同总价款以建造该船舶的实际成本为基础，加收 5%计取；建造一段地铁，合同总价款以建造该段地铁的实际成本为基础，加 800 万元计取。

企业通常应当按照单项建造合同进行会计处理。但是，在某些情况下，为了反映一项或一组合同的实质，需要将单项合同进行分立或将数项合同进行合并。

一、合同分立

资产建造有时虽然形式上只签订了一项合同，但其中各项资

产在商务谈判、设计施工、价款结算等方面都是可以相互分离的，实质上是多项合同，在会计上应当作为不同的核算对象。

一项包括建造数项资产的建造合同，同时满足下列3项条件的，每项资产应当分立为单项合同：

（1）每项资产均有独立的建造计划；

（2）与客户就每项资产单独进行谈判，双方能够接受或拒绝与每项资产有关的合同条款；

（3）每项资产的收入和成本可以单独辨认。

案例 5—1

某建筑公司与客户签订一项合同，为客户建造一栋宿舍楼和一座食堂。在签订合同时，建筑公司与客户分别就所建宿舍楼和食堂进行谈判，并达成一致意见：宿舍楼的工程造价为400万元，食堂的工程造价为150万元。宿舍楼和食堂均有独立的施工图预算，宿舍楼的预计总成本为370万元，食堂的预计总成本为130万元。

根据上述资料分析，由于宿舍楼和食堂均有独立的施工图预算，因此符合条件（1）；由于在签订合同时，建筑公司与客户分别就所建宿舍楼和食堂进行谈判，并达成一致意见，因此符合条件（2）；由于宿舍楼和食堂均有单独的造价和预算成本，因此符合条件（3）。因此，建筑公司应将建造宿舍楼和食堂分立为两个单项合同进行会计处理。

如果不同时满足上述3项条件，则不能将合同分立，而应将其作为一个合同进行会计处理。假如案例5—1中，没有明确规定宿舍楼和食堂各自的工程造价，而是以550万元的总金额签订了该项合同，也未确定各自的预算成本。这时，不符合条件（3），则建筑公司不能将该项合同分立为两个单项合同进行会计处理。

二、合同合并

有的资产建造虽然形式上签订了多项合同，但各项资产在设计、技术、功能、最终用途上是密不可分的，实质上是一项合同，在会计上应当作为一个核算对象。

一组合同无论对应单个客户还是多个客户，同时满足下列3项条件的，应当合并为单项合同：

（1）该组合同按一揽子交易签订；

（2）该组合同密切相关，每项合同实际上已构成一项综合利润率工程的组成部分；

（3）该组合同同时或依次履行。

案例 5—2

为建造一个冶炼厂，某建造承包商与客户一揽子签订了三项合同，分别建造一个选矿车间、一个冶炼车间和一个工业污水处理系统。根据合同规定，这三个工程将由该建造承包商同时施工，并根据整个项目的施工进度办理价款结算。

根据上述资料分析，由于这三项合同是一揽子签订的，表明符合条件（1）。对客户而言，只有这三项合同全部完工交付使用时，该冶炼厂才能投料生产，发挥效益；对建造承包商而言，这三项合同的各自完工进度，直接关系到整个建设项目的完工进度和价款结算，并且建造承包商对工程施工人员和工程用料实行统一管理。因此，该组合同密切相关，已构成一项综合利润率工程项目，表明符合条件（2）。该组合同同时履行，表明符合条件（3）。因此，该建造承包商应将该组合同合并为一个合同进行会计处理。

三、追加资产的建造

有时，建造合同在执行中，客户可能会提出追加建造资产的

要求，从而与建造承包商协商变更原合同内容或者另行签订建造追加资产的合同。根据不同情况，建造追加资产的合同可能与原合同合并为一项合同进行会计核算，也可能作为单项合同单独核算。

追加资产的建造，满足下列条件之一的，应当作为单项合同：

（1）该追加资产在设计、技术或功能上与原合同包括的一项或数项资产存在重大差异。

（2）议定该追加资产的造价时，不需要考虑原合同价款。

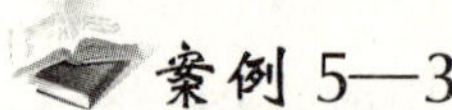

案例 5—3

某建筑商与客户签订了一项建造合同。合同规定，建筑商为客户设计并建造一栋教学楼，教学楼的工程造价（含设计费用）为 500 万元，预计总成本为 460 万元。合同履行一段时间后，客户决定追加建造一座地上车库，并与该建筑商协商一致，变更了原合同内容。

根据上述资料分析，由于该地上车库在设计、技术和功能上与原合同包括的教学楼存在重大差异，表明符合条件（1），因此该追加资产的建造应当作为单项合同处理。

四、中外建造合同准则的比较

对比《企业会计准则第 15 号——建造合同》和《国际会计准则第 11 号——建造合同》，可以发现，从总体上看，我国会计准则与国际会计准则已经趋同，核算的程序、方法都没有大的差异。我国会计准则取消了一些国际会计准则中对关键词的概念的描述，而且语言更加简洁、易懂。经过对两个准则的对比分析，将二者的主要差异总结如下。

（一）公允价值应用有别

我国的《企业会计准则第 15 号——建造合同》中，并没有关于合同收入应按已收或应收价款的公允价值予以计量的规定。而《国际会计准则第 11 号——建造合同》第十二条规定，合同收入应按已收或应收价款的公允价值予以计量。

（二）风险处置条款不同

我国的《企业会计准则第 15 号——建造合同》中，并没有明确规定对于已经确认的收入在未来发生变化时如何处理。而《国际会计准则第 11 号——建造合同》第二十八条规定，如果对已经包括在合同收入中并已在收益表中确认的金额的可收回性有怀疑时，则不可收回的金额或补偿的可能性已不复存在的金额，应确认为费用，而不是作为合同收入额的调整。

（三）相关条款细化有别

《国际会计准则第 11 号——建造合同》第二十九条规定：通常，企业也有必要建立一套有效的内部财务预算和报告制度。随着合同的进展，企业应审议、必要时还要修订合同收入和合同成本的预计数。第三十八条规定：对合同收入或合同成本的估计变更的影响，或合同结果的估计变更的影响，应作为企业估计变更处理。而我国的《企业会计准则第 15 号——建造合同》则没有对相关内容进行明确规定。

第二节 合同成本

一、合同成本的组成

合同成本是指为建造某项合同而发生的相关费用。合同成本包括从合同签订开始至合同完成止所发生的、与执行合同有关的直接费用和间接费用。

这里强调了合同成本的时间范围，即从合同签订开始至合同完成止。

（1）合同签订前，因订立合同而发生的有关费用，应直接确认为当期费用。但是，能够单独区分和可靠计量且合同很可能订立的，应当予以归集，待取得合同时计入合同成本；未满足上述条件的，应当计入当期损益。

（2）合同完成后，即建造合同竣工验收后发生的成本，也应当直接确认为费用。

这里所说的“直接费用”是指为完成合同所发生的、可以直接计入合同成本核算对象的各项费用支出。“间接费用”是指为完成合同所发生的、不宜直接归属于合同成本核算对象而应分配计入有关合同成本核算对象的各项费用支出。

（一）成本核算对象的确定

直接费用和间接费用的划分是根据成本核算对象来确定的。成本核算对象是指在计算工程成本中，确定归集和分配生产费用的具体对象，即生产费用承担的客体。成本核算对象的确定，是归集和分配生产费用以及计算工程成本的前提。

成本核算对象可根据本企业施工组织特点、所承包工程实际情况和工程价款结算办法而确定，同时还应考虑成本管理上的要求。由于建筑产品用途的多样性，带来了设计、施工的单件性。每一项建筑安装工程都有其独特的形式、结构和质量标准，需要一套单独的设计图纸，在建造时需要采用不同的施工方法和施工组织。即使工程采用相同的标准设计，但由于建造地点的不同，在地形、地质、水文以及交通等方面也会有差异。施工企业这种单件性生产的特点，决定了施工企业成本核算对象的独特性。

施工项目不等于成本核算对象。有时一个施工项目包括几个单位工程，需要分别核算。单位工程是编制工程预算、制订施工项目工程成本计划以及与建设单位结算工程价款的计算单位。按照分批（定单）法原则，施工项目成本一般应以每一独立编制施工图预算的单位工程为成本核算对象，但也可以按照承包工程项目的规模、工期、结构类型、施工组织和施工现场等情况，结合成本管理要求，灵活划分成本核算对象。一般来说有以下几种划分方法：

（1）一项单位工程由几个施工单位共同施工时，各施工单位都应以同一单位工程为成本核算对象，各自核算自行完成的部分。

（2）规模大、工期长的单位工程，可以将工程划分为若干部位，以分部位的工程作为成本核算对象。

（3）同一建设项目，由同一施工单位施工，并在同一施工地点、属同一结构类型、开竣工时间相近的若干单位工程，可以合并作为一个成本核算对象。

（4）改建、扩建的零星工程，可以将开竣工时间相接近、属于同一建设项目的各个单位工程合并作为一个成本核算对象。

（5）土石方工程、打桩工程，可以根据实际情况和管理需要，以一个单项工程为成本核算对象，或将同一施工地点的若干个工程量较少的单项工程合并作为一个成本核算对象。

成本核算对象确定后，各种经济、技术资料归集必须与此统一，一般不要中途变更，以免造成项目成本核算不实、结算漏账和经济责任不清的后果。这样划分成本核算对象，是为了细化项目成本核算和考核项目经济效益，丝毫没有削弱项目经理部作为工程承包合同事实上的履约主体以及对工程最终产品和建设单位负责的管理实体的地位。

（二）直接费用的组成

建造合同的直接费用包括四项内容：耗用的材料费用、耗用的人工费用、耗用的机械使用费和其他直接费用。

1. 耗用的材料费用

耗用的材料费用主要包括施工生产过程中耗用的构成工程实体或有助于形成工程实体的原材料、辅助材料、构配件、零件、半成品的成本和周转材料的摊销及租赁费用。其中，周转材料是指企业在施工过程中能多次使用并可基本保持原来的实物形态而逐渐转移其价值的材料，如施工中使用的模板、挡板和脚手架等。

2. 耗用的人工费用

耗用的人工费用主要包括从事工程建造的人员的工资、奖金、津贴补贴、职工福利费等职工薪酬。

3. 耗用的机械使用费

耗用的机械使用费主要包括施工生产过程中使用自有施工机械所发生的机械使用费，租用外单位施工机械支付的租赁费和施工机械的安装、拆卸和进出场费。

4. 其他直接费用

其他直接费用是指在施工过程中发生的除上述三项直接费用以外的其他可以直接计入合同成本核算对象的费用。主要包括有关的设计和技术援助费用、施工现场材料的二次搬运费、生产工具和用具使用费、检验试验费、工程定位复测费、工程点交费用、场地清理费用等。

（三）间接费用的组成

间接费用主要包括临时设施摊销费用和企业下属的施工、生产单位组织和管理施工生产活动所发生的费用，如管理人员薪酬、劳动保护费、固定资产折旧费及修理费、物料消耗、取暖费、水电费、办公费、差旅费、财产保险费、工程保修费、排污费等。这里所说的“施工单位”是指建筑安装企业的施工队、项目经理部等；“生产单位”是指船舶、飞机、大型机械设备等制造企业的生产车间。

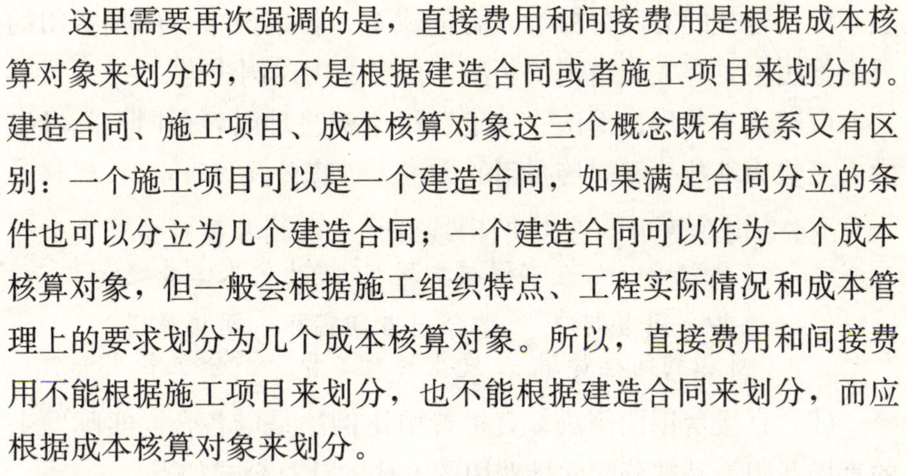

这里需要再次强调的是，直接费用和间接费用是根据成本核算对象来划分的，而不是根据建造合同或者施工项目来划分的。建造合同、施工项目、成本核算对象这三个概念既有联系又有区别：一个施工项目可以是一个建造合同，如果满足合同分立的条件也可以分立为几个建造合同；一个建造合同可以作为一个成本核算对象，但一般会根据施工组织特点、工程实际情况和成本管理上的要求划分为几个成本核算对象。所以，直接费用和间接费用不能根据施工项目来划分，也不能根据建造合同来划分，而应根据成本核算对象来划分。

在实际工作中，有不少人会问“临时设施摊销应该计入直接费用还是间接费用呀”。正确的解释是，看你把这个建造合同划分为了几个成本核算对象。如果只有一个成本核算对象，那就应该计入直接费用；如果有几个成本核算对象，那就应该计入间接费用，然后再在这几个成本核算对象之间分配。

二、合同成本的会计处理

（一）计入合同成本的各项费用

1. 直接费用

由于直接费用在发生时能够分清受益对象，所以直接费用在发生时直接计入合同成本。

2. 间接费用

间接费用虽然也构成了合同成本的组成内容，但是间接费用在发生时一般不宜直接归属于受益对象，而应在资产负债表日按

照系统、合理的方法分摊计入合同成本。在实务中，间接费用的分配方法主要有人工费用比例法、直接费用比例法等。

(1) 人工费用比例法。人工费用比例法是以各合同实际发生的人工费为基数分配间接费用的方法。计算公式如下：

$$\text{间接费用分配率}=\text{当期实际发生的全部间接费用}\div\text{当期各合同实际发生的人工费之和}$$

$$\text{某合同当期应负担的间接费用}=\text{该合同当期实际发生的人工费}\times\text{间接费用分配率}$$

(2) 直接费用比例法。直接费用比例法是以各合同实际发生的直接费用为基数分配间接费用的方法。计算公式如下：

$$\text{间接费用分配率}=\text{当期实际发生的全部间接费用}\div\text{当期各合同实际发生的直接费用之和}$$

$$\text{某合同当期应负担的间接费用}=\text{该合同当期实际发生的直接费用}\times\text{间接费用分配率}$$

（二）与建造合同相关的借款费用

建造承包商为客户建造资产，通常是客户筹集资金，并根据合同约定，定期向建造承包商支付工程进度款。但是，建造承包商也可能在合同建造过程中因资金周转等原因向银行借入款项，发生借款费用。建造承包商在合同建造期间发生的借款费用，符合《企业会计准则第17号——借款费用》规定的资本化条件的，应当计入合同成本。合同完成后发生的借款费用，应计入当期损益，不再计入合同成本。

（三）因订立合同而发生的费用

建造承包商为订立合同而发生的差旅费、投标费等，能够单独区分和可靠计量且合同很可能订立的，应当予以归集，待取得合同时计入合同成本；未满足上述条件的，应当计入当期损益。

（四）零星收益

与合同有关的零星收益，是指在合同执行过程中取得的，但

不计入合同收入而应冲减合同成本的非经常性的收益。例如，完成合同后处置残余物资（在施工过程中产生的一些材料物资的下脚料等）取得的收益。由于工程领用材料时已将领用材料的价值直接计入了工程成本，材料物资的下脚料已包括在合同成本中，因此，处置这些残余物资取得的收益应冲减合同成本。

（五）不计入合同成本的各项费用

下列各项费用属于期间费用，应在发生时计入当期损益，不计入建造合同成本：

（1）企业行政管理部门为组织和管理生产经营活动所发生的管理费用。

（2）船舶等制造企业的销售费用。

（3）企业为建造合同借入款项所发生的、不符合《企业会计准则第 17 号——借款费用》规定的资本化条件的借款费用。例如，企业在建造合同完成后发生的利息净支出、汇兑净损失、金融机构手续费以及筹资发生的其他财务费用。

第三节　合同收入与合同费用

一、合同收入的组成

合同收入包括两部分内容：（1）合同规定的初始收入。即建造承包商与客户签订的合同中最初商定的合同总金额，它构成了合同收入的基本内容。（2）因合同变更、索赔、奖励等形成的收入。

1. 合同变更

合同变更是指客户为改变合同规定的作业内容而提出的调整。合同变更款同时满足下列条件的，才能构成合同收入：

（1）客户能够认可因变更而增加的收入；

（2）该收入能够可靠地计量。

案例 5—4

某建造承包商与客户签订了一项建造图书馆的合同，建设期三年。第二年，客户要求将原设计中采用的铝合金门窗改为塑钢门窗，并同意增加合同造价 50 万元。

此例中，建造承包商可在第二年将因合同变更而增加的收入 50 万元认定为合同收入的组成部分。假如建造承包商认为此项变更应增加造价 50 万元，但双方最终只达成增加造价 40 万元的协议，则只能将 40 万元认定为合同收入的组成部分。

2. 索赔

索赔款是指因客户或第三方的原因造成的、向客户或第三方收取的、用以补偿不包括在合同造价中成本的款项。

索赔款同时满足下列条件的，才能构成合同收入：

（1）根据谈判情况，预计对方能够同意该项索赔；

（2）对方同意接受的金额能够可靠地计量。

案例 5—5

某建造承包商与客户签订了一项建造水电站的合同。合同规定的建设期是 20×7 年 3 月至 2×10 年 8 月；同时规定，发电机由客户采购，于 20×9 年 8 月交付建造承包商进行安装。该项合同在执行过程中，客户于 2×10 年 1 月才将发电机交付建造承包商。建造承包商因客户交货延期要求客户支付延误工期款 100 万元。

此例中，假如客户不同意支付延误工期款，则不能将 100 万元计入合同总收入。假如客户只同意支付延误工期款 50 万元，则只能将 50 万元认定为合同收入的组成部分。

3. 奖励

奖励款是指工程达到或超过规定的标准，客户同意支付的额外款项。

奖励款同时满足下列条件的，才能构成合同收入：

（1）根据合同目前完成情况，足以判断工程进度和工程质量能够达到或超过规定的标准；

（2）奖励金额能够可靠地计量。

案例 5—6

某建造承包商与客户签订一项建造大桥的合同，合同规定的建设期为 20×7 年 12 月 20 日至 20×9 年 12 月 20 日。20×9 年 9 月，主体工程已基本完工，工程质量符合设计要求，有望提前 3 个月竣工，客户同意向建造承包商支付提前竣工奖 100 万元。

此例中，假如该项合同的主体工程虽于 20×9 年 9 月基本完工，但是经工程监理人员认定，工程质量未达到设计要求，还需进一步施工。这种情况下，不能认定奖励款构成合同收入。

二、结果能够可靠估计的建造合同

建造合同的结果能够可靠估计的，企业应根据完工百分比法在资产负债表日确认合同收入和合同费用。完工百分比法是根据合同完工进度确认合同收入和费用的方法，运用这种方法确认合同收入和费用，能为报表使用者提供有关合同进度及本期业绩的有用信息，体现了权责发生制的要求。

（一）建造合同的结果能够可靠估计的认定标准

建造合同的结果能够可靠估计是企业采用完工百分比法确认合同收入和合同费用的前提条件。建造合同分为固定造价合同和成本加成合同两种类型，不同类型的合同，其结果能否可靠估计

的标准也不同。

1. 固定造价合同的结果能够可靠估计的认定标准

如果同时具备以下四个条件，则固定造价合同的结果能够可靠估计。

(1) 合同总收入能够可靠地计量。合同总收入一般根据建造承包商与客户签订的合同中的合同总金额来确定。如果在合同中明确规定了合同总金额，且订立的合同是合法有效的，则合同总收入能够可靠地计量；反之，合同总收入不能可靠地计量。

(2) 与合同相关的经济利益很可能流入企业。企业能够收到合同价款，表明与合同相关的经济利益很可能流入企业。合同价款能否收回，取决于客户与建造承包商双方是否都能正常履行合同。

如果客户与建造承包商有一方不能正常履行合同，则表明建造承包商可能无法收回工程价款，不满足经济利益很可能流入企业的条件。

(3) 实际发生的合同成本能够清楚地区分和可靠地计量。实际发生的合同成本能否清楚地区分和可靠地计量，关键在于建造承包商能否做好建造合同成本核算的各项基础工作和准确计算合同成本。如果建造承包商能够做好建造合同成本核算的各项基础工作，准确核算实际发生的合同成本，划清当期成本与下期成本的界限、不同成本核算对象之间成本的界限、未完合同成本与已完合同成本的界限，则说明实际发生的合同成本能够清楚地区分和可靠地计量；反之，则说明实际发生的合同成本不能够清楚地区分和可靠地计量。

(4) 合同完工进度和为完成合同尚需发生的成本能够可靠地确定。合同完工进度能够可靠地确定，要求建造承包商已经和正在为完成合同而进行工程施工，并已完成了一定的工程量，达到了一定的工程完工进度，对将要完成的工程量也能够作出科学、

可靠的测定。如果建造承包商尚未动工或刚刚开工，尚未形成一定的工程量，对将要完成的工程量不能够作出科学、可靠的测定，则表明合同完工进度不能可靠地确定。

为完成合同尚需发生的成本能否可靠地确定，关键在于建造承包商是否已经建立了完善的内部成本核算制度和有效的内部财务预算及报告制度；能否对为完成合同尚需发生的合同成本作出科学、可靠的估计。如果建造承包商已经建立了完善的内部成本核算制度和有效的内部财务预算及报告制度，并对为完成合同尚需发生的合同成本能够作出科学、可靠的估计，则表明建造承包商能够可靠地确定为完成合同尚需发生的成本；反之，则表明建造承包商不能可靠地确定为完成合同尚需发生的成本。

2. 成本加成合同的结果能够可靠估计的认定标准

如果同时具备以下两个条件，则成本加成合同的结果能够可靠估计：

（1）与合同相关的经济利益很可能流入企业；

（2）实际发生的合同成本能够清楚地区分和可靠地计量。

对成本加成合同而言，合同成本的组成内容一般已在合同中进行了相应规定，合同成本是确定其合同造价的基础，也是确定其完工进度的重要依据，因此要求其实际发生的合同成本能够清楚地区分和可靠地计量。

（二）完工进度的确定

确定合同完工进度有以下三种方法。

1. 根据累计实际发生的合同成本占合同预计总成本的比例确定

该方法是确定合同完工进度比较常用的方法。用计算公式表示如下：

$$\text{合同完工进度}=\text{累计实际发生的合同成本}\div\text{合同预计总成本}\times100\%$$

累计实际发生的合同成本是指形成工程完工进度的工程实体和工作量所耗用的直接成本和间接成本。不包括下列内容：

（1）与合同未来活动相关的合同成本。包括施工中尚未安装、使用或耗用的材料成本。材料从仓库运抵施工现场，如果尚未安装、使用或耗用，则没有形成工程实体。因此，为保证确定完工进度的可靠性，不应将这部分成本计入累计实际发生的合同成本中来确定完工进度。

案例 5—7

某建筑公司承建A工程，工期2年，A工程的预计总成本为1 000万元。第一年，该建筑公司的“工程施工”账户的实际发生额为680万元。其中：人工费150万元，材料费380万元，机械作业费100万元，其他直接费和工程间接费50万元。经查明，A工程领用的材料中有一批虽已运到施工现场但尚未使用，尚未使用的材料成本为80万元。

根据上述资料计算第一年的完工进度如下：

合同完工进度＝(680－80)÷1 000×100%＝60%

（2）在分包工程的工作量完成之前预付给分包单位的款项。对总承包商来说，分包工程是其承建的总体工程的一部分，分包工程的工作量也是其总体工程的工作量。总承包商在确定总体工程的完工进度时，应考虑分包工程的完工进度。在分包工程的工作量完成之前预付给分包单位的款项虽然是总承包商的一项资金支出，但是该项支出并没有形成相应的工作量，因此不应将这部分支出计入累计实际发生的合同成本中来确定完工进度。但是，根据分包工程进度支付的分包工程进度款，应构成累计实际发生的合同成本。

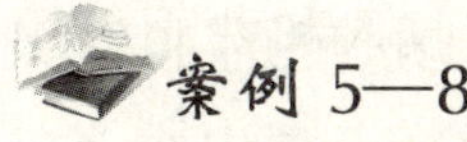

案例 5—8

甲建筑公司与客户一揽子签订了一项建造合同，承建 A、B 两项工程。该项合同的 A、B 两项工程密切相关，客户要求同时施工，一起交付，工期为 2 年。合同规定的总金额为 1 100 万元。甲建筑公司决定 A 工程由自己施工，B 工程以 400 万元的合同金额分包给乙建筑公司承建，甲公司已与乙公司签订了分包合同。

第一年，甲公司自行施工的 A 工程实际发生工程成本 450 万元，预计为完成 A 工程尚需发生工程成本 150 万元；甲公司根据乙公司分包的 B 工程的完工进度，向乙公司支付了 B 工程的进度款 250 万元，并向乙公司预付了下年度备料款 50 万元。

甲公司根据上述资料计算确定该项建造合同第一年的完工进度如下：

$$\begin{aligned}\text{合同完工进度} &= (450+250)\div(450+150+400)\times 100\% \\ &= 70\%\end{aligned}$$

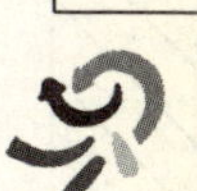

2. 根据已经完成的合同工作量占合同预计总工作量的比例确定

该方法适用于合同工作量容易确定的建造合同，如道路工程、土石方挖掘、砌筑工程等。用计算公式表示如下：

$$\text{合同完工进度} = \text{已经完成的合同工作量} \div \text{合同预计总工作量} \times 100\%$$

3. 根据实际测定的完工进度确定

该方法是在无法根据上述两种方法确定合同完工进度时所采用的一种特殊的技术测量方法，适用于一些特殊的建造合同，如水下施工工程等。需要指出的是，这种技术测量并不是由建造承包商自行随意测定，而应由专业人员现场进行科学测定。

（三）完工百分比法的运用

确定建造合同的完工进度后，就可以根据完工百分比法确认

和计量当期的合同收入和费用。当期确认的合同收入和费用可用下列公式计算：

$$\text{当期确认的合同收入}=\text{合同总收入}\times\text{完工进度}-\text{以前会计期间累计已确认的收入}$$

$$\text{当期确认的合同费用}=\text{合同预计总成本}\times\text{完工进度}-\text{以前会计期间累计已确认的费用}$$

$$\text{当期确认的合同毛利}=\text{当期确认的合同收入}-\text{当期确认的合同费用}$$

上述公式中的完工进度指累计完工进度。对于当期完成的建造合同，应当按照实际合同总收入扣除以前会计期间累计已确认收入后的金额，确认为当期合同收入；同时，按照累计实际发生的合同成本扣除以前会计期间累计已确认费用后的金额，确认为当期合同费用。

《建造合同准则》规范的主要问题是如何将合同收入与合同成本在不同的会计年度进行分配，即对不同的会计年度的合同收入和费用进行计量。而根据下述公式可知，某年度及累计确认的合同费用即为累计实际发生的合同成本。所以，执行建造合同准则的关键在于对合同收入在不同会计年度进行计量。

$$\begin{aligned}\text{累计确认的合同费用}&=\text{合同预计总成本}\times\left(\text{累计实际发生的成本}\div\text{合同预计总成本}\right)\\&=\text{累计实际发生的成本}\end{aligned}$$

将合同总收入在不同的会计年度进行分配计量，关键取决于三个变量：合同预计总收入、合同预计总成本、完工百分比。核心和难点就在于确定合同预计总成本。因为只有计算了合同预计总成本才能计算完工百分比，才能得出当期计量的合同收入和合同费用。合同预计总成本的计算公式如下：

$$\text{合同预计总成本}=\text{已完工程累计实际发生成本}+\text{剩余工程预计发生成本}$$

已完工程累计实际发生成本可以直接取得，剩余工程预计发生成本由剩余工程直接费和间接费组成。直接费的测算要考虑剩余工程的组织形式，一般有三种组织形式，专业分包、劳务分包、自行施工。专业分包的预计单价可以直接由分包单价确定；劳务分包的单价由劳务分包单价和合理的材料消耗量确定；自行施工的工程，可以参照前期同类已完工程的平均成本确定，也可根据评估资料确定。间接费的测算可以根据工期和人数两项因素确定，可以根据已完工程的工期和剩余工程的工期，参照平均人数测算确定。

三、结果不能可靠估计的建造合同

如果建造合同的结果不能可靠估计，则不能采用完工百分比法确认和计量合同收入和费用，而应区别以下两种情况进行会计处理：

（1）合同成本能够收回的，合同收入根据能够收回的实际合同成本予以确认，合同成本在其发生的当期确认为合同费用。

（2）合同成本不可能收回的，应在发生时立即确认为合同费用，不确认合同收入。

案例 5—9

某建筑公司与客户签订了一项总金额为 100 万元的建造合同。第一年实际发生工程成本 40 万元，双方均能履行合同规定的义务，但建筑公司在年末无法可靠确定该项工程的完工进度。

本例中，该公司不能采用完工百分比法确认收入。由于客户能够履行合同，当年发生的成本均能收回，所以公司可将当年发生的成本金额同时确认为当年的收入和费用，当年不确认利润。其账务处理如下：

借：主营业务成本　　400 000

　　贷：主营业务收入　　400 000

如果该公司当年实际发生的工程成本40万元不可收回，这种情况下，该公司应将40万元应确认为当年的费用，不确认收入。其账务处理如下：

借：主营业务成本　　400 000

　贷：工程施工——合同毛利　　400 000

如果建造合同的结果不能可靠估计的不确定因素不复存在，就不应再按照上述规定确认合同收入和费用，而应转为按照完工百分比法确认合同收入和费用。

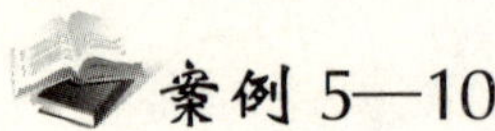

案例 5—10

沿用上例，如果到第二年，完工进度无法可靠确定的因素消除。第二年实际发生成本为30万元，预计为完成合同尚需发生的成本为20万元，则企业应当计算合同收入和费用如下：

第二年合同完工进度＝(40＋30)÷(40＋30＋20)×100％
＝77.78％

第二年确认的合同收入＝100×77.78％＝77.78(万元)

第二年确认的合同成本＝(40＋30＋20)×77.78％－40
＝30(万元)

第二年确认的合同毛利＝77.78－30＝47.78(万元)

账务处理如下：

借：主营业务成本　　300 000

　　工程施工——合同毛利　　477 800

　贷：主营业务收入　　777 800

四、合同预计损失的处理

建造承包商正在建造的资产，类似于工业企业的在产品，性质上属于建造承包商的存货，期末应当对其进行减值测试。如果建造合同的预计总成本超过合同总收入，则形成合同预计损失，应提取损失准备，并确认为当期费用。合同完工时，将已提取的损失准备冲减合同费用。

提取损失准备时，账务处理如下：

借：资产减值损失

　贷：存货跌价准备

合同完工时，应将“存货跌价准备”科目相关余额冲减“主营业务成本”，账务处理为：

借：存货跌价准备

　贷：主营业务成本

案例 5—11

某建筑公司签订了一项总金额为 100 万元的固定造价合同，最初预计总成本为 90 万元。第一年实际发生成本 63 万元，年末，预计为完成合同尚需发生成本 42 万元。该合同的结果能够可靠估计。该公司在年末应进行如下会计处理：

第一年合同完工进度 ＝63÷(63＋42)×100％＝60％

第一年确认的合同收入 ＝100×60％＝60(万元)

第一年确认的合同费用 ＝(63＋42)×60％＝63(万元)

第一年确认的合同毛利 ＝60－63＝－3(万元)

第一年预计的合同损失 ＝[(63＋42)－100]×(1－60％)＝2(万元)

其账务处理如下：

借：主营业务成本　　　　630 000

　贷：主营业务收入　　　　600 000

工程施工——合同毛利 30 000

借：资产减值损失 20 000

贷：存货跌价准备 20 000

五、“存货——工程施工”的经济意义

期末，如果工程施工的科目余额大于工程结算，其差额要在资产负债表中的存货项目中列报；反之，则在资产负债表中的预收账款项目中列报。那么，“存货——工程施工”的经济意义到底是什么呢？这里要分建造合同是单一利润率合同还是综合利润率合同来分析。

如是单一利润率合同，其经济意义即为已完工程业主尚未结算金额。这一般是因为，业主的结算在报表日还没有批复下来。

如是综合利润率合同，“存货——工程施工”除了已完工程业主尚未结算这一层经济意义外，还有一层经济意义是由数项资产的综合利润率和单项资产的单一利润率的差异构成的。我们现在签订的建造合同大部分是包括建造数项资产的合同，但由于是一揽子签订，每项资产实际构成数项资产的综合利润率的一部分，不符合合同分立的条件，所以应作为一项合同来处理。

案例 5—12

某建造合同包括建造一座桥和一座隧道，桥的造价是 1 000 万元，隧道的造价也是 1 000 万元，而桥的毛利率为 10%，隧道的毛利率为 20%。第一年报表日，桥的完工率为 50%，隧道没有开工。业主结算款为 400 万元。

由于合同是一揽子签订，不符合合同分立的条件，则合同的预计总成本为：

1 000×90%+1 000×80%=1 700(万元)

毛利率为：(2 000−1 700)÷2 000×100%=15%

该建造合同的完工率应该为：900×50%÷1 700×100%=27%

应确认的主营业务收入为：2 000×27%=540（万元）

在“存货——工程施工”中反映的金额是140万元（540－400）。而按照工程计量规则，业主只有100万元（500－400）的已完工未结算款，多反映的40万元是由于单项资产的毛利率与多项资产的综合毛利率之间的差异形成的。

由此可知，如果已完工程的单项资产的毛利率小于多项资产的综合毛利率，则已完工程的单项资产的累计发生成本占多项资产的预计总成本的比例就大，则以已完工程的单项资产累计发生的成本占多项资产的预计总成本的比例计算的完工百分比就相对较大，则按建造合同准则确认的收入就大于按照工程计量规则计算的已完工未结算款。

反之，如果已完工程的单项资产的毛利率大于多项资产的综合毛利率，则已完工程的单项资产的累计发生成本占多项资产的预计总成本的比例较小，则以已完工程的单项资产累计发生的成本占多项资产的预计总成本的比例计算的完工百分比就相对较小，则按建造合同准则确认的收入就小于按照工程计量规则计算的已完工未结算款。

案例 5—13

承上例，如果桥的毛利率为20%，隧道的毛利率为10%，其他条件不变，则情况就大相径庭。

该建造合同的完工率为：800×50%÷1 700×100%=24%

应确认的主营业务收入为：2 000×24%=480（万元）

“存货——工程施工”反映的金额为：480－400=80（万元）

而按照工程计量规则，业主有100万元（500－400）的已完工未结算工程款，少反映的20万元是由于前期已完工程的毛利率高于多项资产的综合毛利率造成的。

CHAPTER

6 第六章 营业税政策解析

营业税是对在我国境内提供应税劳务、转让无形资产或销售不动产的单位和个人所取得的营业额征收的一种商品与劳务税。2008年，为了适应经济形势发展和增值税转型改革的需要，国务院对《中华人民共和国营业税暂行条例》进行了修订，自2009年1月1日起施行。主要内容是调减了按照差额征收营业税的项目，同时明确了交易价格明显偏低的处理规定，规范了营业税扣缴义务人的规定，调整了部分营业税纳税地点，延长了营业税的申报缴纳期限。本章主要对涉及建筑业的营业税相关政策进行解析。

本章学习目标：

1. 掌握纳税义务人政策
2. 掌握营业额政策
3. 掌握纳税义务发生时间政策
4. 掌握纳税期限政策
5. 掌握纳税地点政策
6. 理解施工企业营业税管理常见问题

第一节 纳税义务人与营业额

一、纳税义务人政策的变化

修订后的《中华人民共和国营业税暂行条例》（以下简称新条例）及其实施细则规定，在中华人民共和国境内提供本条例规定的劳务，转让无形资产或者销售不动产的单位和个人，为营业税的纳税人，应当依照营业税暂行条例缴纳营业税。所称在中华人民共和国境内（以下简称境内）提供条例规定的劳务，是指提供或者接受条例规定劳务的单位或者个人在境内。而原《中华人民共和国营业税暂行条例》（以下简称原条例）及其实施细则规定，在中华人民共和国境内提供应税劳务是指所提供的劳务发生在境内。

从以上可以看出，境内外行为判定原则的调整是新条例及其细则的一个重大变化点。对于建筑业应税劳务的争议点在于，对于境内企业在境外提供的建筑业劳务，是否因为提供劳务单位是中国境内注册企业，在新条例下就认定为境内劳务？财税〔2009〕111 号文《关于个人金融商品买卖等营业税若干免税政策的通知》对此予以了明确：对中华人民共和国境内（以下简称境内）单位或者个人在中华人民共和国境外（以下简称境外）提供建筑业、文化体育业（除播映）劳务暂免征收营业税。

二、建筑业营业额的一般规定

纳税人的营业额为纳税人提供应税劳务、转让无形资产或者销售不动产收取的全部价款和价外费用。但是，纳税人将建筑工程分包给其他单位的，以其取得的全部价款和价外费用扣除其支付给其他单位的分包款后的余额为营业额。

（一）政策的变化

原条例第五条第三款规定：建筑业的总承包人将工程分包或转包给他人的，以工程的全部承包额减去付给分包人或转包人的价款后的余额为营业额。

将新旧条例对比，我们不难发现，新条例取消了对转包实行差额缴纳营业税的规定，同时对分包给个人的情况也取消了实行差额缴纳营业税的规定。需要强调的是，只有总包方发生分包业务可以差额纳税，其他企业的再分包业务应按取得的收入全额缴纳营业税。根据《中华人民共和国建筑法》的规定，只有建筑工程总承包人才可以将工程承包给其他具有相应资质条件的分包单位，而不能分包给个人，同时禁止分包单位将其承包的工程再分包。因此，只有总承包人才有可能差额纳税，而分包单位不能再分包，所以也不能差额纳税，如果再分包不仅违法，而且要全额纳税。

（二）建筑业分包余额纳税必须取得分包单位的发票

根据新条例实施细则，纳税人按照营业税暂行条例第五条规定扣除有关项目，取得的凭证不符合法律、行政法规或者国务院税务主管部门有关规定的，该项目金额不得扣除。

所称符合国务院税务主管部门有关规定的凭证（以下统称合法有效凭证），是指：

（1）支付给境内单位或者个人的款项，且该单位或者个人发生的行为属于营业税或者增值税征收范围的，以该单位或者个人开具的发票为合法有效凭证；

（2）支付的行政事业性收费或者政府性基金，以开具的财政票据为合法有效凭证；

（3）支付给境外单位或者个人的款项，以该单位或者个人的签收单据为合法有效凭证，税务机关对签收单据有疑义的，可以要求其提供境外公证机构的确认证明；

(4) 国家税务总局规定的其他合法有效凭证。

案例 6—1

假设总包工程款为 200 万元，其中分包为 50 万元，如何开具发票更合理？现在的处理模式应为：总承包人向建设方开具 200 万元的发票进行工程结算，分包方向总承包方开具 50 万元的发票进行分包工程结算，然后总承包方将分包方开来的发票进行营业额抵减并申报纳税。现实中为适应征收管理的需要，税务机关可能会采取委托建设方代扣总包方和分包方税款的办法。

三、设备价款和装饰劳务

新条例及实施细则规定，纳税人提供建筑业劳务（不含装饰劳务）的，其营业额应当包括工程所用原材料、设备及其他物资和动力价款在内，但不包括建设方提供的设备的价款。而被废止的《财政部 国家税务总局关于营业税若干政策问题的通知》（财税〔2003〕16 号）第三条第十三款规定，通信线路工程和输送管道工程所使用的电缆、光缆和构成管道工程主体的防腐管段、管件（弯头、三通、冷弯管、绝缘接头）、清管器、收发球筒、机泵、加热炉、金属容器等物品均属于设备，其价值不包括在工程的计税营业额中。其他建筑安装工程的计税营业额也不应包括设备价值，具体设备名单可由省级地方税务机关根据各自实际情况列举。在新条例实施前，对于施工方提供的设备，实务中由施工方按含设备价款的金额开具发票，按扣除设备价款后的金额差额缴纳营业税，即设备价值不征收营业税，设备的价值按施工方购买设备的增值税发票中注明的含增值税的价款确定。

这项政策的变化点在于，原政策规定无论设备价款是建设方提供的还是施工单位自行采购的，都不包含在计税依据中；而新政策计税依据不包含建设方提供的设备的价款，但是施工单位自

行采购的设备价款需要缴纳营业税。

那么，如何理解现行政策中对不含装饰劳务的规定呢？正确的理解应该是：装饰劳务营业额不包括工程所用原材料、设备及其他物资和动力价款。《财政部 国家税务总局关于纳税人以清包工形式提供装饰劳务征收营业税问题的通知》（财税〔2006〕114号）规定的“纳税人采用清包工形式提供的装饰劳务，按照其向客户实际收取的人工费、管理费和辅助材料费等收入（不含客户自行采购的材料价款和设备价款）确认计税营业额”，被财税〔2009〕61号文废止，废止后无论是客户自行采购的材料和设备价款还是施工企业采购的材料和设备价款，都不包含在营业额中。

关于装饰劳务营业税的政策变化点在于，原来政策规定客户自行采购的材料价款和设备价款不包含在计税营业额中；现行政策规定无论是客户自行采购的材料和设备价款还是施工企业采购的材料和设备价款，都不包含在营业额中。

四、提供建筑业劳务的同时销售自产货物的行为

新条例及其实施细则规定，提供建筑业劳务的同时销售自产货物的行为应分别缴纳营业税和增值税。一项销售行为如果既涉及应税劳务又涉及货物，为混合销售行为。从事货物的生产、批发或者零售的企业、企业性单位和个体工商户的混合销售行为，视为销售货物，不缴纳营业税；其他单位和个人的混合销售行为，视为提供应税劳务，缴纳营业税。但是，纳税人的下列混合销售行为，应当分别核算应税劳务的营业额和货物的销售额，其应税劳务的营业额缴纳营业税，货物销售额不缴纳营业税；未分别核算的，由主管税务机关核定其应税劳务的营业额：

（1）提供建筑业劳务的同时销售自产货物的行为；

（2）财政部、国家税务总局规定的其他情形。

新条例实施前的政策是这样的，根据《国家税务总局关于纳税人销售自产货物提供增值税劳务并同时提供建筑业劳务征收流转税问题的通知》（国税发〔2002〕117号），纳税人以签订建设工程施工总包或分包合同（包括建筑、安装、装饰、修缮等工程总包和分包合同，下同）方式开展经营活动时，销售自产货物、提供增值税应税劳务并同时提供建筑业劳务（包括建筑、安装、修缮、装饰、其他工程作业，下同），同时符合以下条件的，对销售自产货物和提供增值税应税劳务取得的收入征收增值税，提供建筑业劳务收入（不包括按规定应征收增值税的自产货物和增值税应税劳务收入）征收营业税：

（1）必须具备建设行政部门批准的建筑业施工（安装）资质；

（2）签订建设工程施工总包或分包合同中单独注明建筑业劳务价款。

凡不同时符合以上条件的，对纳税人取得的全部收入征收增值税，不征收营业税。这条规定的第二款“不征收营业税”被《国家税务总局关于公布废止的营业税规范性文件目录的通知》（国税发〔2009〕29号）废止。

因此，关于混合销售行为政策的变化点在于，原来符合条件的分别缴纳增值税和营业税，不符合条件的，全部收入征收增值税；现在不论是否符合条件，都要分别缴纳营业税和增值税。

需要注意的是，直接用于本单位建筑工程的在建筑现场制造的预制构件不征收增值税。《国家税务总局关于印发〈增值税若干具体问题的规定〉的通知》（国税发〔1993〕154号）第一条第四款（该款仍然有效）规定，基本建设单位和从事建筑安装业务的企业附设的工厂、车间生产的水泥预制构件、其他构件或建筑材料，用于本单位或本企业的建筑工程的，应在移送使用时征收增值税。但对其在建筑现场制造的预制

构件，凡直接用于本单位或本企业建筑工程的，不征收增值税。

怎么理解这一款规定呢？正确的理解应该是，并不是在建筑现场制造的所有材料都不征收增值税，只有“预制构件”不征收增值税，而其他构件、建筑材料都应在移送时征收增值税。常见的有：

（1）现场加工的预制梁不用缴纳增值税（属于预制构件）；

（2）现场加工的混凝土要缴纳增值税（属于建筑材料）；

（3）现场加工的周转材料要缴纳增值税（不属于预制构件）。

那么，混合销售行为缴纳增值税和缴纳营业税对企业的税负影响有多大呢？

实际上，建筑业混合销售行为缴纳增值税和缴纳营业税对企业的税负没有影响。因为，建筑业企业不属于增值税的一般纳税人，而增值税小规模纳税人的征收率是3%，与建筑业营业税的税率是相同的。所以，建筑业混合销售行为纳税对企业的税负是没有影响的，只是纳税税种的区别。

五、甲供材料行为

“甲供材料”签订合同的几种方式如下。

（一）甲方转售材料

首先，甲方自购材料，相关的增值税发票开具给甲方，甲方材料部分在“在建工程”中核算，列入开发成本。然后，甲方再将材料销售给乙方，缴纳增值税，并开具发票给乙方。乙方就工程造价合同金额开具建筑业发票给甲方，并缴纳营业税。甲方若领料以调拨单形式给乙方后，因乙方未按规定取得材料的合法发票，不能作为工程成本税前扣除。

（二）甲方代购材料

此种情况甲方主要是为了对材料质量把关。销货方将发票开具给委托方乙方，并由受托方甲方将该项发票转交给乙方，甲方另收手续费。根据《增值税、营业税若干政策法规》（财税字〔1994〕26 号）规定，代购货物行为，凡同时具备以下条件的，不征收增值税，不同时具备以下条件的，无论会计制度法规如何核算，均征收增值税。

（1）受托方不垫付资金；

（2）销货方将发票开具给委托方，并由受托方将该项发票转交给委托方；

（3）受托方按销售方实际收取的销售额和增值税税额（如系代理进口货物则为海关代征的增值税税额）与委托方结算货款，并另外收取手续费。

甲方按实购或实销额与乙方进行结算并收取手续费，同时缴纳营业税。乙方将甲方代购的材料全额计入工程造价，开具建筑业发票计征营业税。

（三）合同外“甲供材料”

合同价款不包括甲方自行采购材料部分，与工程总价不同。此种情况下的“甲供材料”是指施工企业提供施工劳务时领用的发包方提供的材料。《营业税暂行条例实施细则》第十六条规定，除销售自产货物并提供建筑业劳务外，纳税人提供建筑业劳务（不含装饰劳务）的，其营业额应当包括工程所用原材料、设备及其他物资和动力价款在内，但不包括建设方提供的设备的价款。甲供材和劳务费的营业税均由发包方承担，施工单位是该营业税的纳税义务人。建筑工程甲供材业务，施工企业不应开具全额（含甲供材料）的建筑业发票，因为施工单位没有材料发票作成本。

营业税的营业额与开发票额是两个不同的概念。开发票额是实际交易的金额，而营业额是税法规定的计税依据，两者不能混淆。税法强调建筑业营业税的计税依据包括甲供材料，并不是说施工单位的开票额中要包括甲供材料金额，而是施工单位的开票额中包含的营业税的计税依据要包括甲供材料。

六、纯劳务分包行为

根据《国家税务总局关于劳务承包行为征收营业税问题的批复》（国税函〔2006〕493 号），建筑安装企业将其承包的某一工程项目的纯劳务部分分包给若干个施工企业，由该建筑安装企业提供施工技术、施工材料并负责工程质量监督，施工劳务由施工企业的职工提供，施工企业按照其提供的工程量与该建筑安装企业统一结算价款。按照现行营业税的有关规定，施工企业提供的施工劳务属于提供建筑业应税劳务，因此，对其取得的收入应按照“建筑业”税目征收营业税。

七、劳务公司营业额的确定

根据《财政部 国家税务总局关于营业税若干政策问题的通知》（财税〔2003〕16 号）第十二条规定，劳务公司接受用工单位的委托，为其安排劳动力，凡用工单位将其应支付给劳动力的工资和为劳动力上缴的社会保险（包括养老保险金、医疗保险、失业保险、工伤保险等）以及住房公积金统一交给劳务公司代为发放或办理的，以劳务公司从用工单位收取的全部价款减去代收转付给劳动力的工资和为劳动力办理社会保险及住房公积金后的余额为营业额。

劳务公司采取全额开票差额纳税办法，凡支付给个人的各项费用均可在计算营业税时扣除。营业税按月计算，本期扣除额大于收入额的，结转下期抵扣。

八、征拆补偿款涉税事项

根据《国家税务总局关于土地使用者将土地使用权归还给土地所有者行为营业税问题的通知》（国税函〔2008〕277 号），纳税人将土地使用权归还给土地所有者时，只要出具县级（含）以上地方人民政府收回土地使用权的正式文件，无论支付征地补偿费的资金来源是否为政府财政资金，该行为均属于土地使用者将土地使用权归还给土地所有者的行为，按照《国家税务总局关于印发〈营业税税目注释（试行稿）〉的通知》（国税发〔1993〕149 号）规定，不征收营业税。

根据《国家税务总局关于政府收回土地使用权及纳税人代垫拆迁补偿费有关营业税问题的通知》（国税函〔2009〕520 号）精神，第一，《国家税务总局关于土地使用者将土地使用权归还给土地所有者行为营业税问题的通知》（国税函〔2008〕277 号）中关于县级以上（含）地方人民政府收回土地使用权的正式文件，包括县级以上（含）地方人民政府出具的收回土地使用权文件，以及土地管理部门报经县级以上（含）地方人民政府同意后由该土地管理部门出具的收回土地使用权文件。第二，纳税人受托进行建筑物拆除、平整土地并代委托方向原土地使用权人支付拆迁补偿费的过程中，其提供建筑物拆除、平整土地劳务取得的收入应按照“建筑业”税目缴纳营业税；其代委托方向原土地使用权人支付拆迁补偿费的行为属于“服务业——代理业”行为，应以提供代理劳务取得的全部收入减去其代委托方支付的拆迁补偿费后

的余额为营业额计算缴纳营业税。

第二节 纳税义务发生时间、纳税期限、纳税地点及扣缴义务的规定

一、纳税义务发生时间

营业税纳税义务发生时间为纳税人提供应税劳务、转让无形资产或者销售不动产并收讫营业收入款项或者取得索取营业收入款项凭据的当天。国务院财政、税务主管部门另有规定的，从其规定。

所称收讫营业收入款项，是指纳税人应税行为发生过程中或者完成后收取的款项。

所称取得索取营业收入款项凭据的当天，是指：

（1）书面合同确定的付款日期的当天；

（2）未签订书面合同或者书面合同未确定付款日期的，为应税行为完成的当天；

（3）纳税人提供建筑业或者租赁业劳务，采取预收款方式的，其纳税义务发生时间为收到预收款的当天。

二、纳税期限

营业税的纳税期限分别为 5 日、10 日、15 日、1 个月或者 1 个季度。纳税人的具体纳税期限，由主管税务机关根据纳税人应纳税额的大小分别核定；不能按照固定期限纳税的，可以按次纳税。纳税人以 1 个月或者 1 个季度为一个纳税期的，自期满之日起 15 日内申报纳税；以 5 日、10 日或者 15 日为一个纳税期的，自期满之日起 5 日内预缴税款，于次月 1 日起 15 日内申报纳税并结清上月应纳税款。

纳税义务发生时间、纳税期限和申报纳税时间三者之间具有什么样的关系呢？首先，根据税法确定不同税种的纳税期限，按年纳税、按期纳税还是按次纳税；其次，确定每一笔业务的纳税义务发生时间是否属于该纳税期限；最后，根据纳税义务发生时间属于该纳税期限的业务计算应纳税款，在纳税期满后的纳税申报时间内申报并缴纳税款。

那么，未申报税款的追缴期限是多长呢？根据《国家税务总局关于未申报税款追缴期限问题的批复》（国税函〔2009〕326号），税收征管法第五十二条规定：对偷税、抗税、骗税的，税务机关可以无限期追征其未缴或者少缴的税款、滞纳金或者所骗取的税款。税收征管法第六十四条第二款规定的纳税人不进行纳税申报造成不缴或少缴应纳税款的情形不属于偷税、抗税、骗税，其追征期按照税收征管法第五十二条规定的精神，一般为三年，特殊情况可以延长至五年。

三、纳税地点

纳税人提供建筑业应税劳务，应当向应税劳务的发生地的主管税务机关申报纳税。纳税人应当向应税劳务发生地申报纳税而自应当申报纳税之月起超过 6 个月没有申报纳税的，由其机构所在地或者居住地的主管税务机关补征税款。

四、扣缴义务

营业税扣缴义务发生时间为纳税人营业税纳税义务发生的当天。

扣缴义务人依照法律、行政法规的规定履行代扣、代收税款的义务。对法律、行政法规没有规定负有代扣、代收税款义务的

单位和个人，税务机关不得要求其履行代扣、代收税款义务。扣缴义务人依法履行代扣、代收税款义务时，纳税人不得拒绝。纳税人拒绝的，扣缴义务人应当及时报告税务机关处理。税务机关按照规定付给扣缴义务人代扣、代收手续费。

扣缴义务相关规定的变化是，建设单位和总承包人均已不再是建筑安装业务的扣缴义务人，原条例与新条例的比较如表 6—1 所示。

表 6—1

原营业税暂行条例规定	新营业税暂行条例规定
第十一条　营业税扣缴义务人： （一）委托金融机构发放贷款，以受托发放贷款的金融机构为扣缴义务人。 （二）建筑安装业务实行分包或者转包的，以总承包人为扣缴义务人。 （三）财政部规定的其他扣缴义务人。	第十一条　营业税扣缴义务人： （一）中华人民共和国境外的单位或者个人在境内提供应税劳务、转让无形资产或者销售不动产，在境内未设有经营机构的，以其境内代理人为扣缴义务人；在境内没有代理人的，以受让方或者购买方为扣缴义务人。 （二）国务院财政、税务主管部门规定的其他扣缴义务人。

第三节　施工企业营业税管理常见问题

一、工程分包时未能准确核定营业额

当前，施工企业承接的很多工程，业主要代扣代缴营业税。业主在代扣代缴营业税时，往往不考虑施工企业可能存在的分包行为，因此，会按对施工企业的全部计价金额代扣代缴营业税。这样，就对施工企业分包工程造成麻烦。因为，这种情形下，施工企业一般不再与税务机关联系，从而不能合理地抵扣分包方提供发票部分的营业税税额，造成多缴营业税。或者，有的施工企业错误地认为，只要是自己这一方已经全额缴税，就不再需要分包方提供分包额的发票，造成一方面施工企业多缴税，另一方面

支付的分包款又没有取得合法合规的记账凭据。

二、包工不包料情形下漏计材料部分的营业税

施工企业承接的某些工程是包工不包料的，这时候，无论怎么结算，营业额都应该包括工程所需要的材料，而施工企业很可能漏计材料款的营业税。

案例 6—2

施工企业与甲单位签订厂房施工合同，合同约定，施工企业只负责厂房的施工，所需要的原材料由甲单位提供。工程完工结算时，应计该施工企业工费 300 万元，该厂房共消耗原材料 200 万元。那么，该施工企业应向甲单位提供发票，发票注明金额 300 万元，而确认营业税计税依据的营业额应是 500 万元（300+200），应纳营业税为 150 万元。这时候会出现发票金额和营业额不一致情况。

三、对混合销售行为出现纳税税种划分错误

施工企业对混合销售纳税税种划分往往不能很好把握，尤其是对施工现场加工的混凝土等建筑材料，一般没有缴纳增值税，或者错误地认为缴纳增值税会增加企业税收负担（前已述及并非如此）而不愿意缴纳增值税，造成纳税失误。当然，由于增值税和营业税分别属于不同的征收机关（前者是国税部门征收，后者是地税部门征收），因此在实务操作中确实比较麻烦。

四、对纳税义务发生时间和申报纳税时间的理解错误

某些施工企业甚至是会计师事务所对纳税义务发生时间和申报纳税时间的概念理解不准确。尤其是新条例规定，纳税人提供

建筑业劳务，采取预收款方式的，其纳税义务发生时间为收到预收款的当天。某些实务工作者错误地理解为，只要资产负债表中有预收账款，企业就应在确认的收入的基础上再加上该部分预收账款作为当期应缴纳营业税的营业额，这显然是错误的。当期发生的纳税义务是否要在当期申报纳税，要结合纳税期限而定。

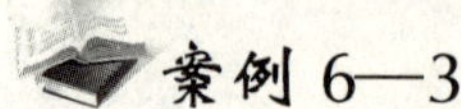

案例 6—3

某施工项目按季度纳税（即纳税期限是一个季度），在 12 月 20 日收到了一笔预收账款 100 万元。那么，虽然这笔预收账款的纳税义务发生时间在 12 月 20 日，然而纳税申报时间却应该在次年的 1 月 15 日。

CHAPTER

7 第七章 企业所得税政策解析

企业所得税是对我国境内的企业和其他取得收入的组织的生产经营所得和其他所得征收的所得税。现行企业所得税的基本规范，是2007年3月16日第十届全国人民代表大会第五次全体会议通过的《中华人民共和国企业所得税法》和2007年11月28日国务院第197次常务会议通过的《中华人民共和国企业所得税法实施条例》，以及国务院财政、税务部门发布的相关规定。本章主要针对施工企业涉及企业所得税的政策进行解析。

本章学习目标是：

1. 理解建造合同收入税务与会计处理的差异
2. 理解税前扣除的主要原则
3. 掌握建造合同成本税前扣除政策
4. 掌握几类费用的税前扣除规定
5. 掌握损失的税前扣除政策
6. 掌握建筑企业所得税管理政策
7. 理解施工企业所得税管理常见问题

第一节　建造合同收入税务与会计处理的差异

一、会计处理

《企业会计准则第 15 号——建造合同》规定，建造合同的结果能够可靠估计，企业应当根据完工百分比法在资产负债表日确认合同收入和合同费用。

建造合同的结果能够可靠估计是企业采用完工百分比法确认合同收入和合同费用的前提条件。建造合同分为固定造价合同和成本加成合同两种类型，不同类型的合同，其结果能够可靠估计的标准也不同。

如果同时具备以下四个条件，则固定造价合同的结果能够可靠估计：

（1）合同总收入能够可靠地计量；

（2）与合同相关的经济利益很可能流入企业；

（3）实际发生的合同成本能够清楚地区分和可靠地计量；

（4）合同完工进度和为完成合同尚需发生的成本能够可靠地确定。

如果同时具备以下两个条件，则成本加成合同的结果能够可靠估计：

（1）与合同相关的经济利益很可能流入企业；

（2）实际发生的合同成本能够清楚地区分和可靠地计量。

二、税务处理

《国家税务总局关于确认企业所得税收入若干问题的通知》（国税函〔2008〕875 号）规定，企业在各个纳税期末，提供劳务交易的结果能够可靠估计的，应采用完工进度（完工百分比）法确认提供劳务收入。提供劳务交易的结果能够可靠估计，是指同时满足下列条件：

（1）收入的金额能够可靠地计量；

（2）交易的完工进度能够可靠地确定；

（3）交易中已发生和将发生的成本能够可靠地核算。

三、差异分析

通过比较不难发现，无论是《企业所得税法》还是《企业会计准则》都要求只要满足提供劳务交易的结果能够可靠估计，就必须要确认收入，差异主要表现在两者判定的条件不同。《企业所得税法》不强调“与合同相关的经济利益很可能流入企业”。企业能够收到合同价款，表明与合同相关的经济利益很可能流入企业。合同价款能否收回，取决于客户与建造承包商双方是否能够正常履行合同。如果客户与建造承包商有一方不能正常履行合同，则表明建造承包商可能无法收回工程价款，不满足经济利益很可能流入企业的条件。但合同是否能够正常履行，主要由企业自行判断，税务机关作为“局外人”很难掌握这方面的信息。基于反避税的需要，税法强调只要交易的完工进度能够可靠计量，并且与交易相关的收入和成本能够可靠地计量，就必须确认当前计税收入。即如果与劳务交易相关的经济利益不能完全流入企业，则会计上不能采用完工百分比法确认合同收入和费用，但税法仍然要求按照完工百分比法确认计税收入。

特别提醒

税法与会计的差异只表现在收入确认时间上，并不是金额上的差异。如果会计上没有确认收入，而按税法规定必须确认

收入作纳税调增处理的，若后期符合会计收入确认条件并确认会计收入的，应将原已作纳税调增的金额作纳税调减处理，否则会导致重复纳税。若后期取得了足够的证据表明收入无法实现（视同税法中的坏账损失），则应将相关资料报税务机关审核确认后，作纳税调减处理。

案例7—1

某施工企业于2008年初签订了一项总金额为10 000万元的建造合同，为乙公司建造一座办公楼。办公楼于2008年2月开工，2009年6月完工，预计工程总成本为8 000万元，按照工程的完工进度按季结算工程款。

截至2008年12月31日，该项目已经发生的成本为5 000万元，预计完成合同还将发生成本3 000万元，已结算工程价款6 500万元，其中实际收到2 500万元。由于乙公司当年经营发生严重困难，该施工企业估计今后很难收到剩余款项，属于建造合同的结果不能可靠估计的情况，不能按完工百分比法确认合同收入。该施工企业只能将已经发生的成本能够得到补偿的部分2 500万元确认为收入，同时将发生的成本5 000万元确认为当期费用，会计上确认建造合同的收益为－2 500万元（2 500－5 000）。

根据税法规定，该施工企业应按完工进度确认工程收入和费用。2008年，该施工企业的完工进度为62.5%（5 000÷8 000×100%），应确认收入6 250万元（10 000×62.5%）、费用5 000万元（8 000×62.5%）；2008年税务上确认建造合同所得1 250万元（6 250－5 000）。由上，2008年对于此项建造合同，会计上确认收益－2 500万元，税务上确认所得1 250万元。因此，该施工企业应调增应纳税所得额3 750万元。

若2009年3月，该施工企业得知乙公司经营情况好转，乙公司承诺将严格履行建造合同。则2009年3月，应重新按照完工百分比法确认2008年的收入3 750万元（6 250－2 500），直接计入2009年度损益（不通过“以前年度损益调整”处理）。年终申报企业所得税时，应调减应纳税所得额3 750万元。

第二节　税前扣除的主要原则

根据税收相关法律规定，税前扣除需要遵循以下主要原则。

一、真实性原则

真实是指能提供证明有关支出确属已经实际发生的适当凭据。

怎么来理解真实性原则呢？笔者认为，有以下两层含义。

第一，编造虚假的业务形成的支出是不能税前扣除的。比如，施工项目通过编造虚假的对分包商的验工计价套取资金用于其他用途，违反了财经纪律，该项支出不能税前扣除；再如，有的企业通过虚假发票套取资金，所列支出也不能税前扣除。

需要说明的是，目前施工企业虚假发票问题比较严重，比如国家审计署2010年2月公布的《京沪高速铁路建设项目跟踪审计结果》公报中指出，京沪高铁建设项目“在材料采购、货物运输、机械设备租赁等业务中，中水集团、中铁十六局等17家施工单位项目部使用不符合国家规定的发票入账结算，总金额达5.2亿元”，由此可见一斑。

第二，即使是真实的业务，在账务处理上也需要有证明该支

出确属已经实际发生的适当凭证，而且，税法对有些费用明确规定了证明材料应该包括的内容。比如差旅费的证明材料应包括：出差人员姓名、地点、时间、任务、支付凭证等，会议费证明材料应包括：会议时间、地点、出席人员、内容、目的、费用标准、支付凭证等。如果不具备这些证明材料，费用是不能税前扣除的。

案例 7—2

假如差旅费报销只有火车票，那怎么能证明这张火车票不是从火车站捡来而是职工出差实际发生的呢？这时候就需要有“员工出差报告单”和“差旅费报领单”。否则，如果只有火车票就能报账的话，那么员工随便从火车站捡张火车票，只要领导审批就能报销了，这显然不可以。

二、合法性原则

合法是指应符合国家税收规定，其他法规规定与税收法规规定不一致的，以税收法规规定为准。

怎么来理解合法性原则呢？笔者认为，至少有以下两层含义。

第一，违法的业务所发生的支出是不能税前扣除的。举个极端的例子，假设某企业的“经营业务”是贩毒，那么其发生的任何支出都是不能税前扣除的。

第二，合法的业务所形成的支出还必须取得合法有效的凭证。合法有效的凭证是指符合国务院税务主管部门有关规定的凭证，具体规定是：

（1）支付给境内单位或者个人的款项，且该单位或者个人发生的行为属于营业税或者增值税征收范围的，以该单位或者个人开具的发票为合法有效凭证；而且，根据《国家税务总局关于进一步加强普通发票管理工作的通知》（国税发〔2008〕80

号)，取得的发票必须填开付款方全称。所称营业税的征收范围，是在中华人民共和国境内提供营业税暂行条例规定的劳务(是指属于交通运输业、建筑业、金融保险业、邮电通信业、文化体育业、娱乐业、服务业税目征收范围的劳务)、转让无形资产或者销售不动产。所称增值税的征收范围，是在中华人民共和国境内销售货物或者提供加工、修理修配劳务以及进口货物。

(2) 支付的行政事业性收费或者政府性基金，以开具的财政票据为合法有效凭证。

(3) 支付给境外单位或者个人的款项，以该单位或者个人的签收单据为合法有效凭证，税务机关对签收单据有疑义的，可以要求其提供境外公证机构的确认证明。

(4) 国家税务总局规定的其他合法有效凭证。

取得合法有效凭证是税前扣除的主要原则。然而在实务中，常出现因对此把握不准造成的各种问题：

第一，真实合法的业务没能取得合法有效凭证。比如本节所举的审计署所查处的京沪高铁建设项目有些施工项目的虚假发票问题。其实，笔者认为，有些业务并一定是虚假的，很可能是真实的业务却没能取得合法有效凭证。

第二，对有些不需要取得发票的业务误以为需要发票。比如，笔者曾遇到一个项目部误以为对农民的青苗补偿需要取得发票，导致仅取得支付农民的青苗补偿款的收据却不敢入账，而自作主张地将其通过对分包商的计价“处理”，结果“无事生非”。

三、有关性原则

有关性原则是指税前能够扣除的支出必须与取得收入直接相关。

实务中，有的企业会发生与取得收入并非直接相关的支出。比如购买礼品赠送给有关人员，如与生产经营不直接相关就不能够作为业务招待费税前扣除。再如，按照税法规定，与生产经营无关的固定资产计提的折旧不得税前扣除。又如，与免税收入直接相关的费用不得申报扣除。

四、合理性原则

所谓合理，是指支出要符合生产经营活动常规，是应当计入当期损益或者有关资产成本的必要和正常的支出。比如，判定工资薪金的合理性，税务机关可按以下原则掌握：

（1）企业制定了较为规范的员工工资薪金制度；

（2）企业所制定的工资薪金制度符合行业及地区水平；

（3）企业在一定时期所发放的工资薪金是相对固定的，工资薪金的调整是有序进行的；

（4）企业对实际发放的工资薪金，已依法履行了代扣代缴个人所得税义务；

（5）有关工资薪金的安排，不以减少或逃避税款为目的。

五、权责发生制原则

权责发生制原则是指企业应纳税所得额的计算，要以权责发生制为原则，属于当期的收入和费用，不论款项是否收付，均作为当期的收入和费用；不属于当期的收入和费用，即使款项已经在当期收付，均不作为当期的收入和费用。但也有例外，比如，工资薪金支出要以实际发放为原则，计提而没有实际发放的工资薪金不得税前扣除。

权责发生制是应用较为广泛的企业会计核算原则，也为我国大多数企业所采纳。在税务处理过程中，以权责发生制确定应税收入的理由在于，经济活动导致企业实际获取或拥有对某一利益的控制权时，就表明企业已产生收入，相应地，也产生了与该收入相关的纳税义务。

权责发生制条件下，企业收入的确认一般应同时满足以下两个条件：一是支持取得该收入权利的所有事项已经发生；二是应该取得的收入额可以被合理、准确地确定。权责发生制便于计算应纳税所得额。

六、确定性原则

确定性原则是指纳税人可扣除的费用不论何时支付，其金额必须是确定的。比如，企业按照会计准则的规定确认的预计负债，所确认的预计负债虽然是企业承担的现时义务，履行该义务很可能导致经济利益流出企业而且该义务的金额能够可靠地计量，但由于金额不是确定的，所以也不能税前扣除。

税法同时明确，在计算应纳税所得额时，下列支出不得扣除：

（1）向投资者支付的股息、红利等权益性投资收益款项；

（2）企业所得税税款；

（3）税收滞纳金；

（4）罚金、罚款和被没收财物的损失（3、4 条可合并为因违反法律、行政法规而交付的罚款、罚金、滞纳金）；

（5）本法第九条规定以外的捐赠支出；

（6）赞助支出；

（7）未经核定的准备金支出；

（8）与取得收入无关的其他支出；

（9）贿赂等非法支出；

（10）税收法规有具体扣除范围和标准（比例或金额），实际发生的费用超过或高于法定范围和标准的部分。

第三节　建造合同成本税前扣除要求

合同成本是指为建造某项合同而发生的相关费用，合同成本包括从合同签订开始至合同完成止所发生的、与执行合同有关的直接费用和间接费用。合同的直接费用包括四项内容：耗用的材料费、耗用的人工费、耗用的机械使用费和其他直接费。

一、材料费用

材料费用主要包括施工生产过程中耗用的构成工程实体或有助于形成工程实体的原材料、辅助材料、构配件、零件、半成品的成本和周转材料的摊销及租赁费用。周转材料是指企业在施工过程中能多次使用并可基本保持原来的实物形态而逐渐转移其价值的材料，如施工中使用的模板、挡板和脚手架等。

对材料费用的计量，会计准则与税法规定基本一致，但是，税法更加强调材料收发需要有证明材料耗用的真实、合法有效的凭证。主要凭证如下：

（1）证明真实性的凭证包括构成工程实体的材料的点验单、发料单；有助于形成工程实体的材料包括周转材料点验单、周转材料摊销表、周转材料租赁发票等；

（2）合法有效的凭证包括材料发票、周转材料租赁发票等。

需要注意的是，由于自然灾害等非常原因造成的存货毁损，会计上扣除处置收入（如残料价值）、可以回收的保险赔偿和过失人赔偿，将净损失直接计入营业外支出。税法规定，自然灾害等非常原因造成的存货毁损，不属于存货的正常损耗，应该经税务机关审批后才能税前扣除。

二、人工费用

人工费用主要包括从事建造的人员的工资、奖金、津贴补贴、职工福利费等职工薪酬。人工费用的会计处理依据是《企业会计准则第 9 号——职工薪酬》，税法依据主要是《企业所得税法实施条例》第三十四条、《关于企业工资薪金及职工福利费扣除问题的通知》（国税函〔2009〕3 号）等。

（一）工资薪金支出对象的差异

税法规定，工资薪金支出的对象是在本单位任职或受雇的员工，以此与独立劳务相区别。雇员取得的工资薪金不征营业税，应采用自制凭证处理，而企业接受外单位个人提供的独立劳务，属于流转税的征收范围，无论是否超过起征点，均需凭税务机关开具的发票据以入账。

雇佣关系应同时符合以下条件：

（1）受雇人员与用人单位签订 1 年以上（含 1 年）劳动合同，存在长期或连续的雇佣或被雇用关系；

（2）受雇人员因事假、病假、休假等原因不能正常出勤时，仍享受固定或基本工资收入；

（3）受雇人员与单位其他正式职工享受同等福利、社保、培训及其他待遇；

（4）受雇人员的职务晋升、职称评定等工作由用人单位负责组织。

上述条件也有例外的情形，如离退休人员返聘、外籍员工按规定可以不缴纳基本养老保险。《企业会计准则第 9 号——职工薪酬》所称的职工比较宽泛，与税法中“任职或受雇的员工”相比，既有重合，又有拓展。兼职人员、未与企业订立劳动合同的临时人员、未与企业订立劳动合同但由企业正式任命的董事会成员、

监事会成员，在税法中不能作为工资薪金支出的对象看待。

税法规定，企业发生的合理的工资薪金支出，准予扣除。所称“工资薪金”，是指企业每一纳税年度支付给在本企业任职或者受雇的员工的所有现金形式或者非现金形式的劳动报酬，包括基本工资、奖金、津贴、补贴、年终加薪、加班工资，以及与员工任职或者受雇有关的其他支出。所称的“合理工资薪金”，是指企业按照股东大会、董事会、薪酬委员会或相关管理机构制定的工资薪金制度规定实际发放给员工的工资薪金。

税务机关在对工资薪金进行合理性确认时，可掌握以下原则：

(1) 企业制定了较为规范的员工工资薪金制度；

(2) 企业所制定的工资薪金制度符合行业及地区水平；

(3) 企业在一定时期所发放的工资薪金是相对固定的，工资薪金的调整是有序进行的；

(4) 企业对实际发放的工资薪金，已依法履行了代扣代缴个人所得税义务；

(5) 有关工资薪金的安排，不以减少或逃避税款为目的。

所称的“工资薪金总额”，是指企业按照《关于企业工资薪金及职工福利费扣除问题的通知》（国税函〔2009〕3号）第一条规定实际发放的工资薪金总和，不包括企业的职工福利费、职工教育经费、工会经费以及养老保险费、医疗保险费、失业保险费、工伤保险费、生育保险费等社会保险费和住房公积金。属于国有性质的企业，其工资薪金，不得超过政府有关部门给予的限定数额；超过部分，不得计入企业工资薪金总额，也不得在计算企业应纳税所得额时扣除。

(二) 关于职工福利费

企业职工福利费是指企业为职工提供的除职工工资、奖金、津贴、纳入工资总额管理的补贴、职工教育经费、社会保险费和补充养老保险费（年金）、补充医疗保险费及住房公积金以外的福利待遇支出，包括发放给职工或为职工支付的各项现金补贴和非货币性集体福利。

根据《关于企业加强职工福利费财务管理的通知》（财企〔2009〕242号），职工福利费的开支范围如下。

（1）为职工卫生保健、生活等发放或支付的各项现金补贴和非货币性福利，包括职工因公外地就医费用、暂未实行医疗统筹企业职工医疗费用、职工供养直系亲属医疗补贴、职工疗养费用、自办职工食堂经费补贴或未办职工食堂统一供应午餐支出、符合国家有关财务规定的供暖费补贴、防暑降温费等。

（2）企业尚未分离的内设集体福利部门所发生的设备、设施和人员费用，包括职工食堂、职工浴室、理发室、医务所、托儿所、疗养院、集体宿舍等集体福利部门设备、设施的折旧、维修保养费用以及集体福利部门工作人员的工资薪金、社会保险费、住房公积金、劳务费等人工费用。

（3）职工困难补助，或者企业统筹建立和管理的专门用于帮助、救济困难职工的基金支出。

（4）离退休人员统筹外费用，包括离休人员的医疗费及离退休人员其他统筹外费用。企业重组涉及的离退休人员统筹外费用，按照《财政部关于企业重组有关职工安置费用财务管理问题的通知》（财企〔2009〕117号）执行。国家另有规定的，从其规定。

（5）按规定发生的其他职工福利费，包括丧葬补助费、抚恤费、职工异地安家费、独生子女费、探亲假路费，以及符合企业职工福利费定义但没有包括在本通知各条款项目中的其他支出。

（6）企业为职工提供的交通、住房、通讯待遇：

①已经实行货币化改革的，按月按标准发放或支付的住房补贴、交通补贴或者车改补贴、通讯补贴，应当纳入职工工资总额，不再纳入职工福利费管理；

②尚未实行货币化改革的，企业发生的相关支出作为职工福利费管理，但根据国家有关企业住房制度改革政策的统一规定，不得再为职工购建住房。

（7）企业给职工发放的节日补助、未统一供餐而按月发放的午餐费补贴，应当纳入工资总额管理。

企业发生的职工福利费，应该单独设置账册，进行准确核算。没有单独设置账册准确核算的，税务机关应责令企业在规定的期限内进行改正。逾期仍未改正的，税务机关可对企业发生的职工福利费进行合理的核定。

根据《国家税务总局关于做好2007年度企业所得税汇算清缴工作的补充通知》（国税函〔2008〕264号）的规定，企业2008年以前按照规定计提但尚未使用的职工福利费余额，2008年及以后年度发生的职工福利费，应首先冲减上述的职工福利费余额，不足部分按新税法规定扣除；仍有余额的，继续留在以后年度使用。企业2008年以前节余的职工福利费，已在税前扣除，属于职工权益，如果改变用途的，应调整增加企业应纳税所得额。

（三）“五险一金”的相关规定

《企业所得税法实施条例》第三十五条规定，企业依照国务院有关主管部门或者省级人民政府规定的范围和标准为职工缴纳的基本养老保险费、基本医疗保险费、失业保险费、工伤保险费、生育保险费等基本社会保险费和住房公积金，准予扣除。基本社会保险费和住房公积金的扣除范围和标准以国务院有关主管部门和省级人民政府的规定为依据，超过这个范围和标准的部分不得在税前扣除。

（四）补充养老保险和补充医疗保险

《企业所得税法实施条例》第三十五条规定，企业为投资者或者职工支付的补充养老保险费、补充医疗保险费，在国务院财政、税务主管部门规定的范围和标准内，准予扣除。

依据《财政部 国家税务总局关于补充养老保险、补充医疗保险有关企业所得税政策问题的通知》（财税〔2009〕27号），自2008年1月1日起，企业根据国家有关政策规定，为在本企业任职或者受雇的全体员工支付的补充养老保险费、补充医疗保险费，分别在不超过职工工资总额5%标准内的部分，在计算应纳税所得额时准予扣除；超过的部分，不予扣除。

三、机械使用费

机械使用费主要包括施工生产过程中使用自有施工机械所发生的机械使用费、租用外单位施工机械支付的租赁费和施工机械的安装、拆卸和进出场费。

（一）税法关于计提折旧的基本规定

1. 计提折旧资产的范围

新《企业所得税法》第十一条规定，在计算应纳税所得额时，企业按照规定计算的固定资产折旧，准予扣除。下列固定资产不得计算折旧扣除：

（1）房屋、建筑物以外未投入使用的固定资产（即房屋、建筑物不管是否使用都得计提折旧，其他固定资产未投入使用不得计算折旧扣除）；

（2）以经营租赁方式租入的固定资产；

（3）以融资租赁方式租出的固定资产；

（4）已足额提取折旧仍继续使用的固定资产；

（5）与经营活动无关的固定资产；

（6）单独估价作为固定资产入账的土地；

（7）其他不得计算折旧扣除的固定资产。

上述规定中，第2、3、4、6项规定与《企业会计准则》的相

关规定相同，第 5 项与《企业会计准则》中的规定存在差异。

2. 计提折旧的方法

《企业所得税法实施条例》第五十九条规定，固定资产按照直线法计算的折旧，准予扣除。企业应当自固定资产投入使用月份的次月起计算折旧；停止使用的固定资产，应当自停止使用月份的次月起停止计算折旧。企业应当根据固定资产的性质和使用情况，合理确定固定资产的预计净残值。固定资产的预计净残值一经确定，不得变更。

3. 计提折旧的年限

《企业所得税法实施条例》第六十条规定，除国务院财政、税务主管部门另有规定外，固定资产计算折旧的最低年限如下：

（1）房屋、建筑物，为 20 年；

（2）飞机、火车、轮船、机器、机械和其他生产设备，为 10 年；

（3）与生产经营活动有关的器具、工具、家具等，为 5 年；

（4）飞机、火车、轮船以外的运输工具，为 4 年；

（5）电子设备，为 3 年。

同时，《国家税务总局关于企业固定资产加速折旧所得税处理有关问题的通知》（国税发〔2009〕81 号）对固定资产采取加速折旧进行了限制性规定，具体内容如下：

（1）根据《企业所得税法》第三十二条及《实施条例》第九十八条的相关规定，企业拥有并用于生产经营的主要或关键的固定资产，由于以下原因确需加速折旧的，可以缩短折旧年限或者采取加速折旧的方法：

①由于技术进步，产品更新换代较快的；

②常年处于强震动、高腐蚀状态的。

（2）企业拥有并使用的固定资产符合本通知第一条规定的，可按以下情况分别处理：

①企业过去没有使用过与该项固定资产功能相同或类似的固

定资产，但有充分的证据证明该固定资产的预计使用年限短于《实施条例》规定的计算折旧最低年限的，企业可根据该固定资产的预计使用年限和本通知的规定，对该固定资产采取缩短折旧年限或者加速折旧的方法。

②企业在原有的固定资产未达到《实施条例》规定的最低折旧年限前，使用功能相同或类似的新固定资产替代旧固定资产的，企业可根据旧固定资产的实际使用年限和本通知的规定，对新替代的固定资产采取缩短折旧年限或者加速折旧的方法。

（3）企业采取缩短折旧年限方法的，对其购置的新固定资产，最低折旧年限不得低于《实施条例》第六十条规定的折旧年限的60%；若为购置已使用过的固定资产，其最低折旧年限不得低于《实施条例》规定的最低折旧年限减去已使用年限后剩余年限的60%。最低折旧年限一经确定，一般不得变更。

（4）企业拥有并使用符合本通知第一条规定条件的固定资产采取加速折旧方法的，可以采用双倍余额递减法或者年数总和法。加速折旧方法一经确定，一般不得变更。

①双倍余额递减法，是指在不考虑固定资产预计净残值的情况下，根据每期期初固定资产原值减去累计折旧后的金额和双倍的直线法折旧率计算固定资产折旧的一种方法。应用这种方法计算折旧额时，由于每年年初固定资产净值没有减去预计净残值，所以在计算固定资产折旧额时，应在其折旧年限到期前的两年期间，将固定资产净值减去预计净残值后的余额平均摊销。计算公式如下：

年折旧率＝2÷预计使用寿命(年)×100%

月折旧率＝年折旧率÷12

月折旧额＝月初固定资产账面净值×月折旧率

②年数总和法，又称年限合计法，是指将固定资产的原值减去预计净残值后的余额，乘以一个以固定资产尚可使用寿命为分

子、以预计使用寿命逐年数字之和为分母的逐年递减的分数计算每年的折旧额。计算公式如下：

年折旧率＝尚可使用年限÷预计使用寿命的年数总和×100%

月折旧率＝年折旧率÷12

月折旧额＝(固定资产原值－预计净残值)×月折旧率

（5）企业确需对固定资产采取缩短折旧年限或者加速折旧方法的，应在取得该固定资产后一个月内，向其企业所得税主管税务机关（以下简称主管税务机关）备案，并报送以下资料：

①固定资产的功能、预计使用年限短于《实施条例》规定计算折旧的最低年限的理由、证明资料及有关情况的说明；

②被替代的旧固定资产的功能、使用及处置等情况的说明；

③固定资产加速折旧拟采用的方法和折旧额的说明；

④主管税务机关要求报送的其他资料。

企业主管税务机关应在企业所得税年度纳税评估时，对企业采取加速折旧的固定资产的使用环境及状况进行实地核查。对不符合加速折旧规定条件的，主管税务机关有权要求企业停止该项固定资产加速折旧。

（6）对于采取缩短折旧年限的固定资产，足额计提折旧后继续使用而未进行处置（包括报废等情形）超过12个月的，今后对其更新替代、改造改建后形成的功能相同或者类似的固定资产，不得再采取缩短折旧年限的方法。

（7）对于企业采取缩短折旧年限或者采取加速折旧方法的，主管税务机关应设立相应的税收管理台账，并加强监督，实施跟踪管理。对发现不符合《实施条例》第九十八条及本通知规定的，主管税务机关要及时责令企业进行纳税调整。

（8）适用总、分机构汇总纳税的企业，对其所属分支机构使用的符合《实施条例》第九十八条及本通知规定情形的固定资产采取缩短折旧年限或者采取加速折旧方法的，由其总机构向其所在地主管税务机关备案。分支机构所在地主管税务机关应负责配合总机构所在地主管税务机关实施跟踪管理。

4. 计提折旧的计税基础

根据《企业所得税法实施条例》第五十六条的规定，企业的各项资产，包括固定资产、生物资产、无形资产、长期待摊费用、投资资产、存货等，以历史成本为计税基础。所称历史成本，是指企业取得该项资产时实际发生的支出。企业持有各项资产期间资产增值或者减值，除国务院财政、税务主管部门规定可以确认损益外，不得调整该资产的计税基础。

根据这条规定，调整各类资产的计税基础，要经国务院财政、税务主管部门批准，而且，必须计入损益。例如，中国铁建2008年股改上市资产评估增值689 872.63万元，经国务院批准确认了损益，但因中国铁道建筑总公司是国务院国资委一元股东，这部分评估增值应缴纳的企业所得税不征收入库，直接转计中国铁道建筑总公司的资本公积，作为国有资本。由于已经进行了上述处理，所以，中国铁建股份有限公司及所属子公司可以按照评估增值后的资产计提折旧（或摊销），并在企业所得税前扣除。政策依据是《财政部 国家税务总局关于中国铁道建筑总公司重组改制过程中资产评估增值有关企业所得税政策问题的通知》（财税〔2008〕124号）。

《国家税务总局关于贯彻落实企业所得税若干税收问题的通知》（国税函〔2010〕79号）第五款对关于固定资产投入使用后计税基础的确定问题进行了明确：企业固定资产投入使用后，由于工程款项尚未结清未取得全额发票的，可暂按合同规定的金额计入固定资产计税基础计提折旧，待发票取得后进行调整。但该项调整应在固定资产投入使用后12个月内进行。比如，施工企业采购盾构机，因货款尚未全部付清，没有取得全额发票，此时先

要按采购合同规定的金额为计税基础计提折旧，另外，必须在固定资产使用后的 12 个月内取得全额发票。

5. 固定资产大修理支出的所得税处理

《企业所得税法》第十三条规定，在计算应纳税所得额时，固定资产的大修理支出，作为长期待摊费用，按照规定摊销的，准予扣除。

《企业所得税法实施条例》第六十九条规定，《企业所得税法》第十三条第三项所称固定资产的大修理支出，是指同时符合下列条件的支出：(1) 修理支出达到取得固定资产时的计税基础 50%以上；(2) 修理后固定资产的使用年限延长 2 年以上。

《企业所得税法》第十三条第三项规定的支出，按照固定资产尚可使用年限分期摊销。因此，固定资产大修理支出作为长期待摊费用按其尚可使用年限分期摊销，必须同时具备《企业所得税法实施条例》第六十九条规定的价值标准和时间标准两个条件。如不同时具备，则应作为当期费用扣除。

6. 执行新税法的衔接

(1) 已购置固定资产预计净残值和折旧年限的处理问题。根据国税函〔2009〕98 号文件精神，新税法实施前已投入使用的固定资产，企业已按原税法规定预计净残值并计提的折旧，不作调整。新税法实施后，对此类继续使用的固定资产，可以重新确定其残值，并就其尚未计提折旧的余额，按照新税法规定的折旧年限减去已经计提折旧的年限后的剩余年限，按照新税法规定的折旧方法计算折旧。新税法实施后，固定资产原确定的折旧年限不违背新税法规定原则的，也可以继续执行。

(2) 企业购入旧的固定资产的折旧年限的确定。参照《江苏省苏州市地方税务局 2008 年度企业所得税汇算清缴问题解答》，企业因生产经营活动需要购入旧的固定资产，是因为该项资产仍有使用价值，尚具有使用年限。企业取得已经使用过的旧的固定资产，一般可以按其尚可使用年限确定折旧年限，尚可使用年限可根据资产的磨损程度、使用状况合理确定。企业外购的固定资产，以购买价款和支付的相关税费以及直接归属于使该资产达到预定用途发生的其他支出为计税基础。外购的旧固定资产，在原企业即使已提足折旧了，仍可以按新的计税基础在尚可使用年限内计提折旧。

（二）税法与会计关于折旧政策的差异

1. 计提折旧资产范围的差异

会计准则规定，企业对除已提足折旧仍继续使用的固定资产和单独计价入账的土地以外的所有固定资产计提折旧。而税法折旧的范围要比会计准则规定小得多，在会计准则的范围中仍要剔除以下资产：

（1）房屋建筑物以外未投入使用的固定资产。即房屋建筑物不管是否使用都要计提折旧，而其他固定资产会计准则规定要计提折旧，而税法不允许计提折旧，如已经提取，要进行纳税调整。

（2）与经营活动无关的固定资产。会计没有明确不得计提折旧，而税法不允许计提折旧。

（3）其他不得计算折旧扣除的固定资产。会计上明确没有其他。

总之，会计准则规定是防止少提折旧，而税法规定是防止多提折旧。

2. 计提折旧理念的差异

税法规定，固定资产按照直线法计算的折旧，准予扣除。即税法只认可直线法，而不认可其他折旧方法。而会计准则规定，企业应当根据与固定资产有关的经济利益的预期实现方式合理选择折旧方法。可选用的折旧方法包括年限平均法、工作量法、双倍余额递减法和年数总合法等。与税法规定相比，会计准则计提折旧的理念要更加科学。

3. 计提折旧时间跨度的差异

会计准则规定，固定资产应自达到预定可使用状态时开始计提折旧，终止确认时或划分为持有待售非流动资产时停止计提折旧。

税法规定，企业应当自固定资产投入使用月份的次月起计算折旧；停止使用的固定资产，应当自停止使用月份的次月起停止计算折旧。

会计与税法规定的差异体现在两个方面：一方面是计提折旧始点的差异，会计是达到预定可使用状态，税法是投入使用月份的次月，表现在实务上，此差异就是某些固定资产已经达到可使用状况，但未投入使用情形下，会计需要计提折旧而税法不允许计提折旧。另一方面是停止计提折旧的差异，表现在税法没有固定资产“划分为持有待售非流动资产”这种提法，但一旦划分为这种资产，固定资产也不再使用，税法也不允许计提折旧，实质上与会计处理是相同的。

4. 计提折旧年限的差异

会计准则没有规定折旧年限，而税法规定了折旧年限。那么企业内部规定的折旧年限比税法规定的最低折旧年限长，是否属于纳税调整项目？答案是不属于。参照《山东省青岛市国家税务局2008年度企业所得税汇算清缴问题解答》，企业根据固定资产的属性和使用情况，按照自己会计核算要求自行确定的固定资产折旧年限长于《企业所得税法实施条例》第六十条规定的固定资产最低折旧年限的，在计算缴纳企业所得税时不得按照会计核算计算的折旧额与税法规定的最低折旧年限计算的折旧额的差额调减当年应纳税所得额。

5. 计税基础的差异

税法按固定资产的历史成本作为计税基础，除国务院财政、税务主管部门规定可以确认损益外，不得调整该资产的计税基础。会计准则规定，应计折旧额是指应当计提折旧的固定资产的原价扣除其预计净残值后的金额，已计提减值准备的固定资产，还应当扣除已计提的固定资产减值准备累计金额。

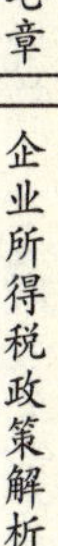

第四节 几类费用的税前扣除规定

一、劳动保护费

劳动保护支出是指确因工作需要为雇员配备或提供工作服、手套、安全保护用品、防暑降温用品等所发生的支出。根据《企业所得税实施条例》第四十八条、《企业所得税税前扣除办法》第五十四条，企业发生的合理的劳动保护支出，准予扣除。纳税人实际发生的合理的劳动保护支出，可以扣除。

关于劳动保护费，以下问题值得关注：

(1) 劳动保护支出是指确因工作需要为雇员配备或提供工作服，手套，安全保护用品，防暑降温用品等所发生的支出。国家税务总局目前没有规定具体的列支标准，只要是企业发生的合理性的劳保支出可据实列支。按规定发放的各项劳动保护支出不属于工资薪金支出。

(2) 职工防暑降温费应该是购置的防暑降温用品，如发放现金，在“福利费”中开支。

(3) 属于劳动保护费范围的服装费可以税前扣除，但不得发放现金。而且有的地方规定了标准，如苏国税发〔2000〕123号文件规定，在职允许着装职工人均每年最高限额 1 000 元，超过部分应进行纳税调整。

二、母子公司间提供服务支付的费用

根据《国家税务总局关于母子公司间提供服务支付费用有关企业所得税处理问题的通知》(国税发〔2008〕86号)文件规定精神，母子公司间提供服务支付费用按以下要求处理：

(1) 母公司为其子公司(以下简称子公司)提供各种服务而发生的费用，应按照独立企业之间公平交易原则确定服务的价格，作为企业正常的劳务费用进行税务处理。

母子公司未按照独立企业之间的业务往来收取价款的，税务机关有权予以调整。

(2) 母公司向其子公司提供各项服务，双方应签订服务合同或协议，明确规定提供服务的内容、收费标准及金额等。凡按上述合同或协议规定所发生的服务费，母公司应作为营业收入申报纳税；子公司作为成本费用在税前扣除。

(3) 母公司向其多个子公司提供同类项服务，其收取的服务费可以采取分项签订合同或协议收取；也可以采取服务分摊协议的方式，即，由母公司与各子公司签订服务费用分摊合同或协议，以母公司为其子公司提供服务所发生的实际费用并附加一定比例利润作为向子公司收取的总服务费，在各服务受益子公司(包括盈利企业、亏损企业和享受减免税企业)之间按《中华人民共和国企业所得税法》第四十一条第二款规定合理分摊。

(4) 母公司以管理费形式向子公司提取费用，子公司因此支付给母公司的管理费，不得在税前扣除。

(5) 子公司申报税前扣除向母公司支付的服务费用，应向主管税务机关提供与母公司签订的服务合同或者协议等与税前扣除该项费用相关的材料。不能提供相关材料的，支付的服务费用不得税前扣除。

特别提醒

国税发〔2008〕86 号文件只是规定了母子公司之间提供服务支付费用按关联交易进行税收处理，而对于总分机构之间发生的合理管理费，因新所得税法采取法人所得税，可以通过总分机构自动汇总得到解决，不存在税前扣除的问题；又因界定其为一种企业内部行为，故不作为营业税应税劳务处理。

三、研究开发费用

根据《企业所得税法》第三十条第（一）款，企业开发新技术、新产品、新工艺发生的研究开发费用，可以在计算应纳税所得额时加计扣除。

根据《企业所得税法实施条例》第九十五条，企业所得税法第三十条第（一）项所称研究开发费用的加计扣除，是指企业为开发新技术、新产品、新工艺发生的研究开发费用，未形成无形资产计入当期损益的，在按照规定据实扣除的基础上，按照研究开发费用的 50%加计扣除；形成无形资产的，按照无形资产成本的 150%摊销。

根据《国家税务总局关于印发〈企业研究开发费用税前扣除管理办法（试行）〉的通知》（国税发〔2008〕116 号），企业从事《国家重点支持的高新技术领域》和国家发展和改革委员会等部门公布的《当前优先发展的高技术产业化重点领域指南（2007 年度）》规定项目的研究开发活动，其在一个纳税年度中实际发生的下列费用支出，允许在计算应纳税所得额时按照规

定实行加计扣除：

（1）新产品设计费、新工艺规程制定费以及与研发活动直接相关的技术图书资料费、资料翻译费；

（2）从事研发活动直接消耗的材料、燃料和动力费用；

（3）在职直接从事研发活动人员的工资、薪金、奖金、津贴、补贴；

（4）专门用于研发活动的仪器、设备的折旧费或租赁费；

（5）专门用于研发活动的软件、专利权、非专利技术等无形资产的摊销费用；

（6）专门用于中间试验和产品试制的模具、工艺装备开发及制造费；

（7）勘探开发技术的现场试验费；

（8）研发成果的论证、评审、验收费用。

四、资产减值准备

根据《企业所得税法》第十条规定，未经核定的准备金支出不得扣除。新《企业所得税法》实施后，非金融企业坏账准备金不予计提，坏账发生后根据有关规定可在企业所得税税前扣除。

五、手续费及佣金支出

根据《财政部 国家税务总局关于企业手续费及佣金支出税前扣除政策的通知》（财税〔2009〕29 号）精神，施工企业发生与生产经营有关的手续费及佣金支出，不超过所签订服务协议或合同确认的收入金额的 5%计算限额以内的部分，准予扣除；超过部分，不得扣除。

特别提醒

企业应与具有合法经营资格的中介服务企业或个人签订代办协议或合同，并按国家有关规定支付手续费及佣金。除委托个人代理外，企业以现金等非转账方式支付的手续费及佣金不得在税前扣除。企业为发行权益性证券支付给有关证券承销机构的手续费及佣金不得在税前扣除。企业应当如实向当地主管税务机关提供当年手续费及佣金计算分配表和其他相关资料，并依法取得合法真实凭证。在此提醒施工企业，对在招投标活动中有可能发生的“中介费”要谨慎处理！

六、业务招待费

《企业所得税法实施条例》第四十三条规定，企业发生的与生产经营活动有关的业务招待费支出，按照发生额的60%扣除，但最高不得超过当年销售（营业）收入的5‰。

特别提醒

业务招待费的税前扣除应注意以下问题：

（1）业务招待费核算的范围仅指交际应酬费用。交际应酬费用是指在生产经营活动中发生的与交际应酬有关的费用或对外馈赠的一次性消耗礼品，如餐饮费、娱乐费、烟、酒、茶、咖啡、食品、保健品等。

（2）企业在筹建期间发生的业务招待费，属于开办费的一部分，无比例限制，于开始生产经营的当期一次性扣除。

（3）企业在清算期间发生的业务招待费，不受比例限制，在计算清算所得时，全额扣除。

（4）员工出差餐费属于雇员个人消费，并非招待客人，因此不得列入业务招待费，也不得由公司报销。

企业可以根据内部管理规定，向员工支付误餐补助费或差旅费津贴。企业支付给雇员的各种津贴、补贴，均应计入工资薪金所得，据实在企业所得税前扣除。

七、业务宣传费

《企业所得税法实施条例》第四十四条规定，企业发生的符合条件的广告费和业务宣传费支出，除国务院财政、税务主管部门另有规定外，不超过当年销售（营业）收入15%的部分，准予扣除；超过部分，准予在以后纳税年度结转扣除。

业务宣传费是企业为扩大影响，推销自身产品的宣传费用。与广告费不同的是，业务宣传费不需要通过经工商部门批准的专门机构制作，不需要通过一定的媒体传播。对已实际支付的宣传费用，例如企业发放的印有企业标志的礼品、纪念品等，要取得相应发票。

在会计处理中，对外赠送的带有本公司标识（商标、公司名称、注册地址、联系方式等）的自产产品或专门制作的外购礼品，应作为业务宣传费处理。如无任何公司标识，应作为捐赠支出，除《企业所得税法》第九条规定以外的其他捐赠支出，不得在税前扣除。同时，根据《国家税务总局关于个人所得税有关问题的批复》（国税函〔2000〕57号）规定，在经济交往活动当中，企业向外单位个人支付的非现金资产，按照“其他所得”项目计征个人所得税。但是，赠送礼品代扣个人所得税，在实际中是无法做到的，只能由赠送方承担，并且不能在计算所得税前扣除。根据1993年9月16日最高人民法院发布施行的《关于人民检察院直接受理立案侦察案件立案标准的规定(试行)》，个人受贿额在5 000元以上的应予立案。因此，在正常经济交往活动当中，给外单位个人赠送礼品应注意金额适度，以区别于非法的贿赂、回扣。

八、利息费用

(一) 一般规定

根据《企业所得税法》及其实施条例第三十八条的规定，企业在生产经营活动中发生的下列利息支出，准予扣除：

(1) 非金融企业向金融企业借款的利息支出、金融企业的各项存款利息支出和同业拆借利息支出、企业经批准发行债券的利息支出。

(2) 非金融企业向非金融企业借款的利息支出，不超过按照金融企业同期同类贷款利率计算的数额的部分。

(二) 企业关联方利息支出规定

根据《企业所得税法实施条例》第三十八条第（二）款，非金融企业向非金融企业借款的利息支出，不超过按照金融企业同期同类贷款利率计算的数额的部分，准予扣除。

《财政部 国家税务总局关于企业关联方利息支出税前扣除标准有关税收政策问题的通知》（财税〔2008〕121号）有如下规定。

(1) 在计算应纳税所得额时，企业实际支付给关联方的利息支出，不超过以下规定比例和税法及其实施条例有关规定计算的

部分，准予扣除，超过的部分不得在发生当期和以后年度扣除。企业实际支付给关联方的利息支出，除符合本通知第二条规定外，其接受关联方债权性投资与其权益性投资比例为：金融企业为5∶1，其他企业为2∶1。

（2）企业如果能够按照税法及其实施条例的有关规定提供相关资料，并证明相关交易活动符合独立交易原则的；或者该企业的实际税负不高于境内关联方的，其实际支付给境内关联方的利息支出，在计算应纳税所得额时准予扣除。

（3）企业同时从事金融业务和非金融业务，其实际支付给关联方的利息支出，应按照合理方法分开计算；没有按照合理方法分开计算的，一律按照本通知第一条有关其他企业的比例计算准予扣除的利息支出。

（4）企业自关联方取得的不符合规定的利息收入应按照有关规定缴纳企业所得税。

（三）企业向自然人借款的利息支出企业所得税税前扣除问题

根据《关于企业向自然人借款的利息支出企业所得税税前扣除问题的通知》（国税函〔2009〕777号），企业向自然人借款的利息支出企业所得税税前扣除按以下政策办理：

（1）企业向股东或其他与企业有关联关系的自然人借款的利息支出，应根据《企业所得税法》第四十六条及《财政部 国家税务总局关于企业关联方利息支出税前扣除标准有关税收政策问题的通知》（财税〔2008〕121号）规定的条件，计算企业所得税扣除额。

（2）企业向除第一条规定以外的内部职工或其他人员借款的利息支出，其借款情况同时符合以下条件的，其利息支出在不超过按照金融企业同期同类贷款利率计算的数额的部分，根据税法第八条和税法实施条例第二十七条规定，准予扣除：

①企业与个人之间的借贷是真实、合法、有效的，并且不具有非法集资目的或其他违反法律、法规的行为；

②企业与个人之间签订了借款合同。

（四）关于企业投资者投资未到位而发生的利息支出企业所得税前扣除问题

根据《关于企业投资者投资未到位而发生的利息支出企业所得税前扣除问题的批复》（国税函〔2009〕312 号），关于企业由于投资者投资未到位而发生的利息支出扣除问题，根据《企业所得税法实施条例》第二十七条规定，凡企业投资者在规定期限内未缴足其应缴资本额的，该企业对外借款所发生的利息，相当于投资者实缴资本额与在规定期限内应缴资本额的差额应计付的利息，其不属于企业合理的支出，应由企业投资者负担，不得在计算企业应纳税所得额时扣除。

具体计算不得扣除的利息，应以企业一个年度内每一账面实收资本与借款余额保持不变的期间作为一个计算期，每一计算期内不得扣除的借款利息按该期间借款利息发生额乘以该期间企业未缴足的注册资本占借款总额的比例计算，公式为：

$$\text{企业每一计算期不得扣除的借款利息}=\text{该期间借款利息额}\times\text{该期间未缴足注册资本额}\div\text{该期间借款额}$$

企业一个年度内不得扣除的借款利息总额为该年度内每一计算期不得扣除的借款利息额之和。

（五）实际利率法确认利息收入费用问题

根据《关于执行〈企业会计准则〉有关企业所得税政策问题的通知》（财税〔2007〕80 号），企业对持有至到期投资、贷款等按照新会计准则规定采用实际利率法确认的利息收入，可计入当期应纳税所得额。对于采用实际利率法确认的与金融负债相关的利息费用，应按照现行税收有关规定的条件，未超过同期银行贷

款利率的部分，可在计算当期应纳税所得额时扣除，超过的部分不得扣除。

（六）借款费用资本化问题

企业发生的借款费用，符合会计准则规定的资本化条件的，应当资本化，计入相关资产成本，按税法规定计算的折旧等成本费用可在税前扣除。

（七）汇率变动损益

根据《国家税务总局关于做好2007年度企业所得税汇算清缴工作的补充通知》（国税函〔2008〕264号），企业外币货币性项目因汇率变动导致的计入当期损益的汇率差额部分，相当于公允价值变动，按照《财政部 国家税务总局关于执行〈企业会计准则〉有关企业所得税政策问题的通知》（财税〔2007〕80号）第三条规定执行，在未实际处置或结算时不计入当期应纳税所得额。在实际处置或结算时，处置或结算取得的价款扣除其历史成本后的差额，计入处置或结算期间的应纳税所得额。

（八）公允价值变动损益

企业以公允价值计量的金融资产、金融负债以及投资性房地产等，持有期间公允价值的变动不计入应纳税所得额，在实际处置或结算时，处置取得的价款扣除其历史成本后的差额应计入处置或结算期间的应纳税所得额。

第五节　损失的税前扣除

所称损失，是指企业在生产经营活动中发生的固定资产和存货的盘亏、毁损、报废损失，转让财产损失，呆账损失，坏账损失，自然灾害等不可抗力因素造成的损失以及其他损失。企业发生的损失，减除责任人赔偿和保险赔款后的余额，依照国务院财政、税务主管部门的规定扣除。企业已经作为损失处理的资产，在以后纳税年度又全部收回或者部分收回时，应当计入当期收入。

一、各类资产损失税前扣除应提供的证据

（一）现金损失

企业清查出的现金短缺减除责任人赔偿后的余额，作为现金损失在计算应纳税所得额时扣除。

确认现金损失应提供以下证据：

（1）现金保管人确认的现金盘点表（包括倒推至基准日的记录）；

（2）现金保管人对于短款的说明及相关核准文件；

（3）对责任人由于管理责任造成损失的责任认定及赔偿情况的说明；

（4）涉及刑事犯罪的，应提供司法机关的涉案材料。

（二）存款损失

企业将货币性资金存入法定具有吸收存款职能的机构，因该机构依法破产、清算，或者政府责令停业、关闭等原因，确实不能收回的部分，作为存款损失在计算应纳税所得额时扣除。

确认存款损失应提供以下相关证据：

（1）企业存款的原始凭据；

（2）法定具有吸收存款职能的机构破产、清算的法律文件；

（3）政府责令停业、关闭文件等外部证据；

（4）清算后剩余资产分配的文件。

（三）除贷款类债权外的应收、预付款损失

1．可以税前扣除的条件

企业除贷款类债权外的应收、预付账款符合下列条件之一的，

减除可收回金额后确认的无法收回的应收、预付款项，可以作为坏账损失在计算应纳税所得额时扣除：

（1）债务人依法宣告破产、关闭、解散、被撤销，或者被依法注销、吊销营业执照，其清算财产不足清偿的；

（2）债务人死亡，或者依法被宣告失踪、死亡，其财产或者遗产不足清偿的；

（3）债务人逾期 3 年以上未清偿，且有确凿证据证明已无力清偿债务的；

（4）与债务人达成债务重组协议或法院批准破产重整计划后，无法追偿的；

（5）因自然灾害、战争等不可抗力导致无法收回的；

（6）国务院财政、税务主管部门规定的其他条件。

2. 申请税前扣除应提供的证据

企业应收、预付账款发生符合坏账损失条件的，申请坏账损失税前扣除，应提供下列相关证据：

（1）法院的破产公告和破产清算的清偿文件；

（2）法院的败诉判决书、裁决书，或者胜诉但被法院裁定终（中）止执行的法律文书；

（3）工商部门的注销、吊销证明；

（4）政府部门有关撤销、责令关闭的行政决定文件；

（5）公安等有关部门的死亡、失踪证明；

（6）逾期 3 年以上及已无力清偿债务的确凿证明；

（7）与债务人的债务重组协议及其相关证明；

（8）其他相关证明。

逾期不能收回的应收款项中，单笔数额较小、不足以弥补清收成本的，由企业作出专项说明，对确实不能收回的部分，认定为损失。逾期 3 年以上的应收款项，企业有依法催收磋商记录，确认债务人已资不抵债、连续 3 年亏损或连续停止经营 3 年以上的，并能认定3年内没有任何业务往来，可以认定为损失。

下列股权和债权不得确认为在企业所得税前扣除的损失：

(1) 债务人或者担保人有经济偿还能力，不论何种原因，未按期偿还的企业债权；

(2) 违反法律、法规的规定，以各种形式、借口逃废或者悬空的企业债权；

(3) 行政干预逃废或者悬空的企业债权；

(4) 企业未向债务人和担保人追偿的债权；

(5) 企业发生非经营活动的债权；

(6) 国家规定可以从事贷款业务以外的企业因资金直接拆借而发生的损失；

(7) 其他不应当核销的企业债权和股权。

(四) 股权投资损失

1. 可以税前扣除的条件

企业的股权投资符合下列条件之一的，减除可收回金额后确认的无法收回的股权投资，可以作为股权投资损失在计算应纳税所得额时扣除：

(1) 被投资方依法宣告破产、关闭、解散、被撤销，或者被依法注销、吊销营业执照的；

(2) 被投资方财务状况严重恶化，累计发生巨额亏损，已连续停止经营3年以上，且无重新恢复经营改组计划的；

(3) 对被投资方不具有控制权，投资期限届满或者投资期限已超过10年，且被投资单位因连续3年经营亏损导致资不抵债的；

（4）被投资方财务状况严重恶化，累计发生巨额亏损，已完成清算或清算期超过3年以上的；

（5）国务院财政、税务主管部门规定的其他条件。

2. 申请税前扣除应提供的证据

企业符合条件的股权（权益）性投资损失，应依据下列相关证据认定损失：

（1）企业法定代表人、主要负责人和财务负责人签章证实有关投资损失的书面声明；

（2）有关被投资方破产公告、破产清偿文件，工商部门注销、吊销文件，政府有关部门的行政决定文件，终止经营、停止交易的法律或其他证明文件；

（3）有关资产的成本和价值回收情况说明；

（4）被投资方清算剩余资产分配情况的证明。

企业的股权（权益）投资当有确凿证据表明已形成资产损失时，应扣除责任人和保险赔款、变价收入或可收回金额后，再确认发生的资产损失。可收回金额一律暂定为账面余额的5%。

（五）固定资产或存货损失

1. 可以税前扣除的条件

对企业盘亏的固定资产或存货，以该固定资产的账面净值或存货的成本减除责任人赔偿后的余额，作为固定资产或存货盘亏损失在计算应纳税所得额时扣除。

对企业毁损、报废的固定资产或存货，以该固定资产的账面净值或存货的成本减除残值、保险赔款和责任人赔偿后的余额，作为固定资产或存货毁损、报废损失在计算应纳税所得额时扣除。

对企业被盗的固定资产或存货，以该固定资产的账面净值或存货的成本减除保险赔款和责任人赔偿后的余额，作为固定资产或存货被盗损失在计算应纳税所得额时扣除。

企业因存货盘亏、毁损、报废、被盗等原因不得从增值税销项税额中抵扣的进项税额，可以与存货损失一起在计算应纳税所得额时扣除。

2. 固定资产或存货损失认定应提供的证据

（1）存货盘亏损失，其盘亏金额扣除责任人赔偿后的余额部分，依据下列证据认定损失：

1）存货盘点表；

2）存货保管人对于盘亏的情况说明；

3）盘亏存货的价值确定依据（包括相关入库手续、相同相近存货采购发票价格或其他确定依据）；

4）企业内部有关责任认定、责任人赔偿说明和内部核批文件。

（2）存货报废、毁损和变质损失，其账面价值扣除残值及保险赔偿或责任赔偿后的余额部分，依据下列相关证据认定损失：

1）单项或批量金额较小（占企业同类存货10%以下，或减少当年应纳税所得、增加亏损10%以下，或10万元以下，下同）的存货，由企业内部有关技术部门出具技术鉴定证明；

2）单项或批量金额超过上述规定标准的较大存货，应取得专业技术鉴定部门的鉴定报告或者具有法定资质中介机构出具的经济鉴定证明；

3）涉及保险索赔的，应当有保险公司理赔情况说明；

4）企业内部关于存货报废、毁损、变质情况说明及审批文件；

5）残值情况说明；

6）企业内部有关责任认定、责任赔偿说明和内部核批文件。

（3）存货被盗损失，其账面价值扣除保险理赔以及责任赔偿后的余额部分，依据下列证据认定损失：

1）向公安机关的报案记录，公安机关立案、破案和结案的证

明材料；

2）涉及责任人的责任认定及赔偿情况说明；

3）涉及保险索赔的，应当有保险公司理赔情况说明。

（4）固定资产盘亏、丢失损失，其账面净值扣除责任人赔偿后的余额部分，依据下列证据确认损失：

1）固定资产盘点表；

2）盘亏、丢失情况说明，单项或批量金额较大的固定资产盘亏、丢失，企业应逐项作出专项说明，并提供具有法定资质中介机构出具的经济鉴定证明；

3）企业内部有关责任认定和内部核准文件等。

（5）固定资产报废、毁损损失，其账面净值扣除残值、保险赔偿和责任人赔偿后的余额部分，依据下列相关证据认定损失：

1）企业内部有关部门出具的鉴定证明；

2）单项或批量金额较小的固定资产报废、毁损，可由企业逐项作出说明，并出具内部有关技术部门的技术鉴定证明；单项或批量金额较大的固定资产报废、毁损，企业应逐项作出专项说明，并出具专业技术鉴定机构的鉴定报告，也可以同时附送中介机构的经济鉴定证明；

3）自然灾害等不可抗力原因造成固定资产毁损、报废的，应当有相关职能部门出具的鉴定报告，如消防部门出具受灾证明，公安部门出具的事故现场处理报告、车辆报损证明，房管部门的房屋拆除证明，锅炉、电梯等安检部门的检验报告等；

4）企业固定资产报废、毁损情况说明及内部核批文件；

5）涉及保险索赔的，应当有保险公司理赔情况说明。

（6）固定资产被盗损失，其账面净值扣除保险理赔以及责任赔偿后的余额部分，依据下列证据认定损失：

1）向公安机关的报案记录，公安机关立案、破案和结案的证明材料；

2）涉及责任人的责任认定及赔偿情况说明；

3）涉及保险索赔的，应当有保险公司理赔情况说明。

（7）在建工程停建、废弃和报废、拆除损失，其账面价值扣除残值后的余额部分，依据下列证据认定损失：

1）国家明令停建项目的文件；

2）有关政府部门出具的工程停建、拆除文件；

3）企业对报废、废弃的在建工程项目出具的鉴定意见和原因说明及核批文件，单项数额较大的在建工程项目报废，应当有专业技术鉴定部门的鉴定报告；

4）工程项目实际投资额的确定依据。

（8）在建工程自然灾害和意外事故毁损损失，其账面价值扣除残值、保险赔偿及责任赔偿后的余额部分，依据下列证据认定损失：

1）有关自然灾害或者意外事故证明；

2）涉及保险索赔的，应当有保险理赔说明；

3）企业内部有关责任认定、责任人赔偿说明和核准文件。

二、资产损失税前扣除的审批

（一）资产损失的分类及内容

企业实际发生的资产损失按税务管理方式可分为自行计算扣除的资产损失和需经税务机关审批后才能扣除的资产损失。

下列资产损失，属于由企业自行计算扣除的资产损失：

（1）企业在正常经营管理活动中因销售、转让、变卖固定资产、生产性生物资产、存货发生的资产损失；

（2）企业各项存货发生的正常损耗；

（3）企业固定资产达到或超过使用年限而正常报废清理的损失；

（4）企业生产性生物资产达到或超过使用年限而正常死亡发

生的资产损失；

（5）企业按照有关规定通过证券交易场所、银行间市场买卖债券、股票、基金以及金融衍生产品等发生的损失；

（6）其他经国家税务总局确认不需经税务机关审批的其他资产损失。

上述以外的资产损失，属于需经税务机关审批后才能扣除的资产损失。企业发生的资产损失，凡无法准确辨别是否属于自行计算扣除的资产损失，可向税务机关提出审批申请。

（二）税务机关的审批权限与时限

税务机关对企业资产损失税前扣除的审批是对纳税人按规定提供的申报材料与法定条件进行符合性审查。企业资产损失税前扣除不实行层层审批，企业可直接向有权审批的税务机关提出申请。

1. 审批权限

税务机关审批权限如下：

（1）企业因国务院决定事项所形成的资产损失，由国家税务总局规定资产损失的具体审批事项后，报省级税务机关负责审批。

（2）其他资产损失按属地审批的原则，由企业所在地管辖的省级税务机关根据损失金额大小、证据涉及地区等因素，适当划分审批权限。

（3）企业捆绑资产所发生的损失，由企业总机构所在地税务机关审批。负责审批的税务机关应对企业资产损失税前扣除审批申请即报即批。

2. 审批时限

作出审批决定的时限为：

（1）由省级税务机关负责审批的，自受理之日起30个工作日内。

（2）由省级以下税务机关负责审批的，其审批时限由省级税务机关确定，但审批时限最长不得超过省级税务机关负责审批的时限。因情况复杂需要核实，在规定期限内不能作出审批决定的，经本级税务机关负责人批准，可以适当延长期限，但延长期限不得超过 30 天。同时，应将延长期限的理由告知申请人。

税务机关受理企业当年的资产损失审批申请的截止日为本年度终了后第 45 日。企业因特殊原因不能按时申请审批的，经负责审批的税务机关同意后可适当延期申请。企业资产损失税前扣除，在企业自行计算扣除或者按照审批权限由有关税务机关按照规定进行审批扣除后，应由企业主管税务机关进行实地核查确认追踪管理。

三、企业以前年度未扣除资产损失的税务处理

根据《关于企业以前年度未扣除资产损失企业所得税处理问题的通知》，企业以前年度未能扣除的资产损失企业所得税处理政策如下：

（1）根据《国家税务总局关于印发〈企业资产损失税前扣除管理办法〉的通知》（国税发〔2009〕88 号）第三条规定的精神，企业以前年度（包括 2008 年度新企业所得税法实施以前年度）发生，按当时企业所得税有关规定符合资产损失确认条件的损失，在当年因为各种原因未能扣除的，不能结转在以后年度扣除；可以按照《中华人民共和国企业所得税法》和《中华人民共和国税收征收管理法》的有关规定，追补确认在该项资产损失发生的年度扣除，而不能改变该项资产损失发生的所属年度。

（2）企业因以前年度资产损失未在税前扣除而多缴纳的企业所得税税款，可在审批确认年度企业所得税应纳税款中予以抵缴，

抵缴不足的，可以在以后年度递延抵缴。

（3）企业资产损失发生年度扣除追补确认的损失后如出现亏损，首先应调整资产损失发生年度的亏损额，然后按弥补亏损的原则计算以后年度多缴的企业所得税税款，并按前款办法进行税务处理。

第六节 建筑企业所得税管理

根据《关于跨地区经营建筑企业所得税征收管理问题的通知》（国税函〔2010〕156号），为加强对跨地区（指跨省、自治区、直辖市和计划单列市，下同）经营建筑企业所得税的征收管理，根据《中华人民共和国企业所得税法》及其实施条例、《中华人民共和国税收征收管理法》及其实施细则、《国家税务总局关于印发〈跨地区经营汇总纳税企业所得税征收管理暂行办法〉的通知》（国税发〔2008〕28号）的规定，跨地区经营建筑企业所得税征收管理政策如下。

（1）实行总分机构体制的跨地区经营建筑企业应严格执行国税发〔2008〕28号文件规定，按照“统一计算，分级管理，就地预缴，汇总清算，财政调库”的办法计算缴纳企业所得税。

（2）建筑企业所属二级或二级以下分支机构直接管理的项目部（包括与项目部性质相同的工程指挥部、合同段等，下同）不就地预缴企业所得税，其经营收入、职工工资和资产总额应汇总到二级分支机构统一核算，由二级分支机构按照国税发〔2008〕28号文件规定的办法预缴企业所得税。

（3）建筑企业总机构直接管理的跨地区设立的项目部，应按项目实际经营收入的0.2%按月或按季由总机构向项目所在地预分企业所得税，并由项目部向所在地主管税务机关预缴。

(4) 建筑企业总机构应汇总计算企业应纳所得税，按照以下方法进行预缴：

1) 总机构只设跨地区项目部的，扣除已由项目部预缴的企业所得税后，按照其余额就地缴纳；

2) 总机构只设二级分支机构的，按照国税发〔2008〕28号文件规定计算总、分支机构应缴纳的税款；

3) 总机构既有直接管理的跨地区项目部，又有跨地区二级分支机构的，先扣除已由项目部预缴的企业所得税后，再按照国税发〔2008〕28号文件规定计算总、分支机构应缴纳的税款。

(5) 建筑企业总机构应按照有关规定办理企业所得税年度汇算清缴，各分支机构和项目部不进行汇算清缴。总机构年终汇算清缴后应纳所得税额小于已预缴的税款时，由总机构主管税务机关办理退税或抵扣以后年度的应缴企业所得税。

(6) 跨地区经营的项目部（包括二级以下分支机构管理的项目部）应向项目所在地主管税务机关出具总机构所在地主管税务机关开具的《外出经营活动税收管理证明》，未提供上述证明的，项目部所在地主管税务机关应督促其限期补办；不能提供上述证明的，应作为独立纳税人就地缴纳企业所得税。同时，项目部应向所在地主管税务机关提供总机构出具的证明该项目部属于总机构或二级分支机构管理的证明文件。

(7) 建筑企业总机构在办理企业所得税预缴和汇算清缴时，应附送其所直接管理的跨地区经营项目部就地预缴税款的完税证明。

(8) 建筑企业在同一省、自治区、直辖市和计划单列市设立的跨地（市、县）项目部，其企业所得税的征收管理办法，由各省、自治区、直辖市和计划单列市国家税务局、地方税务局共同制定，并报国家税务总局备案。

第七节　施工企业所得税管理常见问题

一、未能取得合法有效的原始凭证

受建筑市场环境及施工企业的管理现状影响，很多施工项目的会计基础工作相对比较薄弱，有些应该取得合法有效原始凭证的业务没有取得合法有效的原始凭证。比如，施工企业普遍存在的分包行为，有些施工企业往往就直接采用内部自制的结算单（也称验工计价表）入账，造成不能税前扣除。另外，有些施工企业对取得的发票审核不严格，造成发票不合规而不能税前扣除。如取得的发票名称不是付款方全称，取得的发票是虚假发票等。

案例 7—3

据不完全统计，截至 2009 年 6 月 30 日，青海省国税局已从“西格复线” 8 户铁路承建单位所购砂石等材料取得的发票中，发现问题发票 1 154 份，涉及发票金额高达 1.28 亿元，省内外 85 户企业和个人卷入其中。据有关资料介绍，在“西格复线”假发票系列案中，主要作案手法有 4 种：购买使用伪造的税务机关代开发票、购买使用伪造的普通发票、开具大头小尾发票以及跨区使用发票。税务稽查人员在“西格复线”发票专项整治中发现，主要存在非法购买、使用假发票等问题。如一些砂石场开给施工方的“税务机关代开统一发票”都是“克隆”票。原本每张发票的发票代码都是唯一的，但税务机关却发现，同样代码的发票竟有两张，所填内容却完全不同，显然，其中一张肯定是假票。仅湟源县国税局查处的这类假发票就占 60%。另外，一些单位不按规定开具发票，隐瞒收入。一些纳税人以“大头小尾”方式向铁路承建单位开具发票，逃避当地主管税务机关的监管，人为减少核定营业额，少缴税款；违反发票管理规定，跨行业、跨地区开具异地发票。此外，发票填写不规范的情况也较普遍。如付款单位填写不全或不填，发票项目填写错误，不按规定时限、顺序填开，开票人只写姓不填名。同时，受票企业对接受的发票审核把关不严。稽查中发现，不少“西格复线”承建单位财务人员对一些不规范的发票入账现象普遍，如发票开具单位和实际供应材料单位名称不一致，却默认予以入账。

二、未与某些临时用工签订劳动合同

施工企业是劳动密集型企业，其使用的劳动力大部分是季节性农民工，流动性强，常有施工企业与直接雇用的农民工还没有来得及签订劳动合同，农民工就已经完工离开了。而根据《企业所得税法》的规定，作为工资薪金支出必须是企业直接聘请或雇用的职工，而且必须与其签订劳动合同，履行代扣代缴个人所得税的义务。因此，如果税务机关严格按照此项规定稽查施工企业的企业所得税，将会给企业造成重大影响。

国家税务总局2009年专门下发了《关于加强个人工资薪金所得与企业的工资费用支出比对问题的通知》(国税函〔2009〕259号)。通知指出，为加强企业所得税与个人所得税的协调管理，严格执行《国家税务总局关于工资薪金及职工福利费扣除问题的通知》(国税函〔2009〕3号)，提高个人所得税代扣代缴质量，各地税务机关应将个人因任职或受雇而取得的工资、薪金等所得，与所在任职或受雇单位发生的工资费用支出进行比对，从中查找差异及存在问题，从而强化个人所得税的征收管理，规范工资薪金支出的税前扣除。地税局应对所辖企业及国税局转来的企业的工资薪金支出总额和已经代扣代缴个人所得税的工资薪金所得总额进行比对分析，对差异较大的，税务人员应到企业进行实地核查，或者提交给稽查部门，进行税务稽查。地税局到企业进行实地核查时，主要审核其税前扣除的工资薪金支出是否足额扣缴了个人所得税；是否存在将个人工资、薪金所得在福利费或其他科目中列支而未扣缴个人所得税；有无按照企业全部职工平均工资适用税率计算纳税；以非货币形式发放的工资薪金性质的所得是否依法履行了代扣代缴义务；有无隐匿或少报个人收入；企业有无虚列人员、增加工资费用支出等情况。

三、部分车辆所有权归属个人

由于施工企业大部分是异地施工，受异地各种落户政策的限制，施工项目有些车辆的所有权没能落在单位名下，而落在了个人名下。

根据《国家税务总局关于企业为股东个人购买汽车征收个人所得税的批复》(国税函〔2005〕364 号)，企业为个人股东购买的车辆，不属于企业的资产，不得在企业所得税前扣除折旧。文件规定，依据《中华人民共和国个人所得税法》以及有关规定，企业购买车辆并将车辆所有权办到股东个人名下，其实质为企业对股东进行了红利性质的实物分配，应按照“利息、股息、红利所得”项目征收个人所得税。考虑到该股东个人名下的车辆同时也为企业经营使用的实际情况，允许合理减除部分所得；减除的具体数额由主管税务机关根据车辆的实际使用情况合理确定。

依据《企业所得税暂行条例》以及有关规定，上述企业为个人股东购买的车辆，不属于企业的资产，不得在企业所得税前扣除折旧。依据上述规定，企业购买车辆并将车辆所有权办到股东个人名下，依然按照“利息、股息、红利所得”项目征收个人所得税，但不需全额纳税，可合理减除部分所得。但是，因此车在个人名下不属于企业的固定资产，所以，企业不允许对车辆计提折旧在税前扣除。这样规定，既体现了税法的严肃性，也体现了税法的合理性。

CHAPTER

8 第八章 个人所得税政策解析

个人所得税是以个人（自然人）取得的各项应税所得为征税对象所征收的一种税。1993 年 10 月 31 日，第八届全国人民代表大会常务委员会公布了修订后的《中华人民共和国个人所得税法》（以下简称《个人所得税法》），自 1994 年 1 月 1 日起施行。根据我国经济和社会发展的情况，全国人大常委会于 1999 年 8 月 30 日、2005 年 10 月 27 日、2007 年 6 月 29 日、2007 年 12 月 29 日对《个人所得税法》进行了四次修订，国务院相应地对《个人所得税法实施条例》进行了修订，并于 2008 年 2 月 18 日进行了第二次修订。本章主要针对施工企业涉及的个人所得税政策进行解析。

本章学习目标是：

1. 掌握施工企业个人所得税的适用税目及计税方法
2. 掌握常见特定事项的个人所得税政策
3. 掌握建筑业企业个人所得税征收管理的政策
4. 理解施工企业个人所得税管理常见问题

第一节 施工企业个人所得税的适用税目及计税方法

根据《建筑安装业个人所得税征收管理暂行办法》（国税发

〔1996〕127号），承包建筑安装业各项工程作业的承包人取得的所得，应区别不同情况计征个人所得税：经营成果归承包人个人所有的所得，或按照承包合同（协议）规定，将一部分经营成果留归承包人个人的所得，按“对企事业单位的承包经营、承租经营所得”项目征税；以其他分配方式取得的所得，按“工资、薪金所得”项目征税。从事建筑安装业的个体工商户和未领取营业执照承揽建筑安装业工程作业的建筑安装队和个人，以及建筑安装企业实行个人承包后工商登记改变为个体经济性质的，其从事建筑安装业取得的收入应依照“个体工商户的生产、经营所得”项目计征个人所得税。从事建筑安装业工程作业的其他人员取得的所得，分别按照“工资、薪金所得”项目和“劳务报酬所得”项目计征个人所得税。

一、“工资、薪金所得”项目

工资、薪金所得是指个人因任职或者受雇而取得的工资、薪金、奖金、年终加薪、劳动分红、津贴、补贴以及与任职或者受雇有关的其他所得。一般来说，工资、薪金所得属于非独立个人劳动所得。

所谓非独立个人劳动，是指个人所从事的是由他人指定、安排并接受管理的劳动、工作，或服务于公司、工厂、行政、事业单位（私人企业主除外）。非独立劳动者从上述单位取得的劳动报酬，是以工资、薪金的形式体现的。在这类报酬中，工资和薪金的收入主体略有差异。通常情况下，把直接从事生产、经营或服务的劳动者（工人）的收入成为工资，即所谓“蓝领阶层”所得；而将从事社会公职或管理活动的劳动者（公职人员）的收入成为薪金，即“白领阶层”所得。

根据我国目前个人收入的构成情况，规定对于一些不属于工资、薪金性质的补贴、津贴或不属于纳税人本人“工资、薪金所

得”项目的收入，不予征税。这些项目包括：

（1）独生子女补贴；

（2）执行公务员工资制度未纳入基本工资总额的补贴、津贴差额和家属成员的副食品补贴；

（3）托儿补助费；

（4）差旅费津贴、误餐补助。

其中误餐补助是指按照财政部规定，个人因公在城区、郊区工作，不能在工作单位或返回就餐的，根据实际误餐顿数，按规定的标准领取的误餐费。单位以误餐补助名义发给职工的补助、津贴不包括在内。

工资、薪金所得实行按月计征的办法。因此，工资、薪金所得以个人每月收入额固定减除 2 000 元费用后的余额为应纳税所得额。计算公式为：

应纳税所得额＝月工资、薪金收入－2 000

《个人所得税法》对工资、薪金所得规定的普遍适用的减除费用标准为每月 2 000 元。但是，对在中国境内无住所而在中国境内取得工资、薪金所得的纳税义务人和在中国境内有住所而在中国境外取得工资、薪金所得的纳税义务人，税法根据其平均收入水平、生活水平以及汇率变化情况，确定每月再附加减除费用 2 800 元。未经全国人大及其常委会授权，任何地区、部门和单位均不得擅自提高个人所得税费用扣除标准，不得随意变通或超越权限扩大不征税项目的适用范围。

“工资、薪金所得”适用九级超额累进税率，按每月收入定额扣除 2 000 元或 4 800 元，就其余额作为应纳税所得额，按适用税率计算应纳税额。其计算公式为：

应纳税额＝应纳税所得额×适用税率－速算扣除数

$$或\quad =\left(\begin{matrix}每月\\收入额\end{matrix}-\begin{matrix}2\,000或\\4\,800\end{matrix}\right)\times\begin{matrix}适用\\税率\end{matrix}-\begin{matrix}速算\\扣除数\end{matrix}$$

由于个人所得税适用税率中的各级距均为扣除费用后的应纳税所得额，因此在确定适用税率时，不能以每月全部工资、薪金所得为依据，而只能以扣除规定费用后的余额为依据，找出对应级次的税率。

(一) 雇主为雇员负担个人所得税额的计算

在实际工作中，有的雇主（单位或个人）常常为纳税人负担税款，即支付给纳税人的报酬（包括工资、薪金，劳务报酬等所得）是不含税的净所得或成为税后所得，即纳税人的应纳税额由雇主代为缴纳。在这种情况下，就不能以纳税人实际取得的收入直接乘以适用税率计算应纳税额，否则就会缩小税基，降低适用税率。正确的方法是：将纳税人的不含税收入换算为应纳税所得额，即含税收入，然后再计算应纳税额。具体又分为雇主为雇员负担全额税款和部分税款两种情况，负担部分税款又可分为定额负担与定率负担部分税款两种情形。

1. 雇主为雇员负担全额税款

应将雇员取得的不含税收入换算成应纳税所得额后，计算单位或个人应当代扣代缴的税款。计算公式为：

① $$\text{应纳税所得额}=\left(\text{不含税收入额}-\text{费用扣除标准}-\text{速算扣除数}\right)\div(1-\text{税率})$$

② 应纳税额＝应纳税所得额×适用税率－速算扣除数

2. 雇主为雇员定额负担部分税款

雇主为其雇员定额负担部分税款的，应将雇员取得的工资、薪金所得换算成应纳税所得额后，计算单位应当代扣代缴的税款。计算公式为：

$$\text{应纳税所得额}=\text{雇员取得的工资}+\text{雇主代雇员负担的税款}-\text{费用扣除标准}$$

应纳税额＝应纳税所得额×适用税率－速算扣除数

3. 雇主为雇员定率负担部分税款

雇主为雇员定率负担部分税款，是指雇主为雇员负担一定比例的工资应纳税款或负担一定比例的实际应纳税款。当发生这种情况时，应将公式①中雇员取得的“不含税收入额”替换为“未含雇主负担的税款的收入额”，同时将公式中的适用税率和速算扣除数分别乘以雇主为雇员负担税款的比例，从而将未含雇主负担的税款的收入额换算成应纳税所得额，计算单位应当代扣代缴的税款。计算公式为：

$$\text{应纳税所得额}=\left(\text{未含雇主负担的税款的收入额}-\text{费用扣除标准}-\text{速算扣除数}\times\text{负担比例}\right)\div(1-\text{税率}\times\text{负担比例})$$

$$\text{应纳税额}=\text{应纳税所得额}\times\text{适用税率}-\text{速算扣除数}$$

“工资、薪金所得”项目适用税率如表 8—1 所示：

表 8—1

级数	含税级距	不含税级距	税率%	速算扣除数
1	不超过 500 元的	不超过 475 元的	5	0
2	超过 500 元至 2 000 元的部分	超过 475 元至 1 825 元的部分	10	25
3	超过 2 000 元至 5 000 元的部分	超过 1 825 元至 16 375 元的部分	15	125
4	超过 5 000 元至 20 000 元的部分	超过 4 375 元至 16 375 元的部分	20	375
5	超过 20 000 元至 40 000 元的部分	超过 16 375 元至 31 375 元的部分	25	1 375
6	超过 40 000 元至 60 000 元的部分	超过 31 375 元至 45 375 元的部分	30	3 375
7	超过 60 000 元至 80 000 元的部分	超过 45 375 元至 58 375 元的部分	35	6 375
8	超过 80 000 元至 100 000 元的部分	超过 58 375 元至 70 375 元的部分	40	10 375
9	超过 100 000 元的部分	超过 70 375 元的部分	45	15 375

（二）个人取得全年一次性奖金等计算征收个人所得税办法

根据《国家税务总局关于调整个人取得全年一次性奖金等计算征收个人所得税方法问题的通知》（国税发〔2005〕9 号），全年一次性奖金是指行政机关、企事业单位等扣缴义务人根据其全年经济效益和对雇员全年工作业绩的综合考核情况的，向雇员发放的一次性奖金。上述一次性奖金也包括年终加薪、实行年薪制和绩效工资办法的单位根据考核情况兑现的年薪和绩效工资。纳税人取得全年一次性奖金，单独作为一个月工资、薪金所得计算纳税，并按以下计税办法，由扣缴义务人发放时代扣代缴。

（1）先将雇员当月内取得的全年一次性奖金，除以12个月，按其商数确定适用税率和速算扣除数。

如果在发放年终一次性奖金的当月，雇员当月工资、薪金所得低于税法规定的费用扣除额，应将全年一次性奖金减除“雇员当月工资、薪金所得与费用扣除额的差额”后的余额，按上述办法确定全年一次性奖金的适用税率和速算扣除数。

（2）将雇员个人当月内取得的全年一次性奖金，按本条第（1）项确定的适用税率和速算扣除数计算征税。

如果雇员当月工资、薪金所得高于（或等于）税法规定的费用扣除额的，适用公式为：

$$\text{应纳税额}=\frac{\text{雇员当月取得}}{\text{全年一次性奖金}}\times\text{适用税率}-\text{速算扣除数}$$

如果雇员当月工资、薪金所得低于税法规定的费用扣除额的，适用公式为：

$$\text{应纳税额}=\left(\frac{\text{雇员当月取得}}{\text{全年一次性奖金}}-\frac{\text{雇员当月工资薪金所得与}}{\text{费用扣除额的差额}}\right)\times\text{适用税率}-\text{速算扣除数}$$

在一个纳税年度内，对每一位纳税人，该计税办法只允许采用一次。雇员取得除全年一次性奖金以外的其他各种名目奖金，如半年奖、季度奖、加班奖、先进奖、考勤奖等，一律与当月工资、薪金收入合并，按税法规定缴纳个人所得税。

2009年9月25日，国家税务总局网站刊登了国家税务总局负责人就取消“双薪制”计税方法回答记者提问的相关情况，在此摘录如下，以方便对此问题的理解。

问：为什么取消“双薪制”计税方法？

答：所谓“双薪”，是指单位按照规定程序向个人多发放一个月工资，俗称“第13个月工资”，也称“年终加薪”，实际上就是单位对员工全年奖励的一种形式。随着我国收入分配制度改革的不断深化，单位对员工支付薪酬的名目不断增加，为减轻个人税负，税务总局曾于1996年明确年终加薪或全年一次性奖金单独作为一个月的收入计征个人所得税，以收入全额直接按照适用税率计征税款（以下简称“双薪制”计税方法）。2005年，我们对包括“双薪”在内的全年一次性奖金的计税办法进行了调整，明确规定全年一次性奖金包括年终加薪、绩效考核兑现的年薪和绩效工资，并以上述收入全额分摊至12个月的数额确定适用税率，再按规定方法计算应缴税额（以下简称分摊计税方法）。应该说，这种分摊计税方法与原“双薪制”计税方法相比，是一种更为优惠的计税方法。调整后的全年一次性奖金分摊计税的政策实际上已经包括了年终加薪（双薪）。据我们了解，该政策调整后，企事业单位一般都是将年终加薪（双薪）并入全年一次性奖金中统一计算应缴纳的个人所得税。

举例说明如下。

1. 假设王某月工资4 000元，当月取得年终加薪3 000元，没有全年奖金。（为便于比较税负，不考虑当月工资的应纳税额。）

(1) 2005年以前，年终加薪按原“双薪制”计税方法计算：

王某应缴纳个人所得税为325元。公式如下：3 000×15%－125＝325（元）。

(2) 2005年以后，年终加薪应按照全年一次性奖金分摊计税方法计算：

王某应缴纳个人所得税为150元。计算过程如下：先以3 000除以12的商数（3 000÷12＝250）查找适用税率，250对应的税率为5%，则应缴纳个人所得税3 000×5%=150（元）。

（3）对比两种计算方法，分摊计税方法比原“双薪制”计税方法少缴税款175元。

2. 假设张某月工资4 000元，当月取得年终加薪3 000元、全年奖金15 000元。（为便于比较税负，不考虑当月工资的应纳税额。）

（1）2005年以前，年终加薪应纳税额=3 000×15%−125=325（元），全年奖金应纳税额=15 000×20%−375=2 625（元），以上合计应纳税额为2 950元。

（2）2005年以后，可以将张某年终加薪和全年奖金合并按照全年一次性奖金分摊计税方法计算，应缴纳个人所得税为1 775元。计算过程：先以18 000除以12的商数（18 000÷12=1 500）查找适用税率，1 500对应的税率是10%，则18 000×10%−25=1 775（元）。

（3）对比2005年以前，张某少缴税款1 175元。

问：取消“双薪制”计税方法后，网民认为增加了工薪阶层的负担，您怎么看待这个问题？

答：2005年规定的将全年一次性奖金分摊至12个月确定适用税率的计税方法，已经将年终加薪视为全年一次性奖金的一种形式来计算纳税。所以，此次取消原“双薪制”计税方法，只是对过去的老政策进行清理，个人取得年终加薪仍应按2005年出台的分摊计税方法计算纳税，并没有改变个人税收负担（详见前例）。具体来讲，对于只有年终加薪（双薪）、没有全年一次性奖金的纳税人而言，年终加薪（双薪）按照2005年全年一次性奖金的分摊计税方法执行；对于既有年终加薪（双薪）又有全年一次性奖金的纳税人而言，应将两项收入合并，适用全年一次性奖金的分摊计税方法，税负与2005年以来的负担相同，没有变化。据我们了解，近来有一些高收入企业把年终加薪（双薪）与全年一

次性奖金分别分摊计算扣缴个人所得税，违反了2005年全年一次性奖金的政策规定。此次明确取消原“双薪制”计税方法，是定期清理过时或者作废文件的要求，也是针对上述违反规定的行为从规范税制、公平税负、调节高收入的角度考虑的，不会增加普通工薪收入者的负担。

为建立中央企业负责人薪酬激励与约束的机制，根据《中央企业负责人经营业绩考核暂行办法》、《中央企业负责人薪酬管理暂行办法》规定，国务院国有资产监督管理委员会对中央企业负责人的薪酬发放采取按年度经营业绩和任期经营业绩考核的方式，具体办法是：中央企业负责人薪酬由基薪、绩效薪金和任期奖励构成，其中基薪和绩效薪金的60%在当年度发放，绩效薪金的40%和任期奖励于任期结束后发放。

根据《国家税务总局关于中央企业负责人年度绩效薪金延期兑现收入和任期奖励征收个人所得税问题的通知》（国税发〔2007〕118号），中央企业负责人任期结束后取得的绩效薪金40%部分和任期奖励，按照《国家税务总局关于调整个人取得全年一次性奖金等计算征收个人所得税方法问题的通知》（国税发〔2005〕9号）第二条规定的方法，合并计算缴纳个人所得税。

二、“个体工商户的生产、经营所得”项目

根据《国家税务总局关于个人对企事业单位实行承包经营、承租经营取得所得征税问题的通知》（国税发〔1994〕179号），企业实行个人承包、承租经营后，如工商登记改变为个体工商户的，应依照“个体工商户的生产、经营所得”项目计征个人所得税，不再征收企业所得税。施工企业目前大量存在的“包工头”承接施工企业的施工任务，取得的所得应该按“个体工商户的生产、经营所得”项目征收个人所得税项目。

对于实行查账征收的个体工商户，其生产、经营所得或应纳税所得额是每一纳税年度的收入总额，减除成本、费用以及损失后的余额。这是采用会计核算办法归集或计算得出的应纳税所得额。计算公式为：

$$\text{应纳税所得额}=\text{收入总额}-\left(\text{成本}+\text{费用}+\text{损失}+\text{准予扣除的税金}\right)$$

“个体工商户的生产、经营所得”适用五级超额累进税率，以其应纳税所得额按适用税率计算应纳税额。其计算公式为：

$$\text{应纳税额}=\text{应纳税所得额}\times\text{适用税率}-\text{速算扣除数}$$

对账册不健全的个体工商户，其生产、经营所得的应纳税款，由税务机关依据《税收征管法》自行确定征收方式。

三、“对企事业单位的承包经营、承租经营所得”项目

根据《国家税务总局关于个人对企事业单位实行承包经营、承租经营取得所得征税问题的通知》（国税发〔1994〕179 号），企业实行个人承包、承租经营后，如果工商登记仍为企业的，不管其分配方式如何，均应先按照企业所得税的有关规定缴纳企业所得税。承包经营、承租经营者按照承包、承租经营合同（协议）规定取得的所得，依照个人所得税法的有关规定缴纳个人所得税，具体为：

（1）承包、承租人对企业经营成果不拥有所有权，仅是按合同（协议）规定取得一定所得的，其所得按“工资、薪金所得”项目征税，适用 5%～45%的九级超额累进税率；

（2）承包、承租人按合同（协议）的规定只向发包、出租方交纳一定费用后，企业经营成果归其所有的，承包、承租人取得的所得，按“对企事业单位的承包经营、承租经营所得”项目，适用 5%～35%的五级超额累进税率征税。

企业实行承包经营、承租经营后，不能提供完整、准确的纳税资料正确计算应纳税所得额的，由主管税务机关核定其应纳税所得额，并依据《中华人民共和国税收征收管理法》的有关规定，自行确定征收方式。

在实际工作中，施工企业的承包经营、承租经营存在各种各样的表现形式，具体如下。

（一）项目经理负责制

项目法施工是以工程项目为对象，以项目经理负责制为中心，以经营承包责任制为基础，以经济合同为手段，以思想政治工作为保证，按照工程项目的内在规律和施工需要合理配置生产要素，对工程项目的安全、质量、工期、成本等实行全过程的控制和管理，达到全面实现项目目标，提高工程投资效益和企业经济效益的一种科学管理模式。项目承包合同是企业内部承发包双方就工程项目共同达成的协议，其发包方为施工企业法人代表，承包方为项目经理。

签定项目承包合同的原则是：合同双方权利、义务平等，有利于调动承包方的经营生产积极性，确保建设项目顺利完成，实现各项经济技术指标。

项目承包合同的主要内容为：

（1）项目承包的工程范围、投资、建安工作量、工程质量、工期、安全、效益目标及要求；

（2）确定合理的承包基数，按照定包基数确保上缴，超收多奖，歉收受罚；

（3）双方为实现合同条款应提供的保证条件；

（4）考核、审计规定；

（5）有关合同的管理方式。

项目经理部成员的奖金待遇必须和项目效益及个人的德、能、勤、绩挂钩，项目结束后，企业法人代表应根据项目盈利和完成上缴税利情况，对项目经理和经理部予以奖励。

判断项目经理部成员的工资、奖金应缴纳个人所得税适用税目的关键是项目经理部对项目剩余收益是否拥有所有权。所谓项目剩余收益，是指项目经理部在按内部承包合同完成了上缴款后的剩余收益。如果项目经理部对剩余收益拥有所有权，则项目经理部成员应按“对企事业单位的承包经营、承租经营所得”项目，适用5%～35%的五级超额累进税率征税；如果对剩余收益没有所有权，仅按合同规定取得一定数额的奖金，则应按“工资、薪金所得”项目征税，适用5%～45%的九级超额累进税率。

（二）内部职工承包施工企业承揽的工程

很多施工企业存在内部职工组建施工队承接本单位工程的现象。这些施工队既不同于社会上的“包工头”，也不同于本单位正式组建的施工队。在实际工作中，往往都是内部职工在社会上雇用一些临时工，然后以个人的名义与施工项目部签订承包合同，承接一些技术含量不高的施工任务。

上述内部职工取得的所得，由于施工企业的工商登记没有变更，所以不能按“个体工商户的生产、经营所得”项目征税，而应按“对企事业单位的承包经营、承租经营所得”项目计征个人所得税。在这种情况下，内部职工往往不能提供完整、准确的纳税资料正确计算应纳税所得额，所以应由主管税务机关核定其应纳税所得额。核定征收方式，包括定额征收、核定应税所得率征收以及其他合理的征收方式。实行核定应税所得率征收方式的，应纳所得税额的计算公式如下：

$$\text{应纳所得税额}=\text{应纳税所得额}\times\text{适用税率}$$

$$\text{应纳税所得额}=\text{收入总额}\times\text{应税所得率}$$

或

$$=\begin{matrix}\text{成本费用}\\\text{支出总额}\end{matrix}\div\left(1-\begin{matrix}\text{应税}\\\text{所得率}\end{matrix}\right)\times\begin{matrix}\text{应税}\\\text{所得率}\end{matrix}$$

建筑业的应税所得率为7%～20%。

“个体工商户的生产、经营所得”和“对企事业单位承包经营、承租经营所得”适用税率如表8—2所示：

表8—2

级数	全年应纳税所得额	税率（%）	速算扣除数（元）
1	不超过5 000元的	5	0
2	超过5 000元至10 000元的部分	10	250
3	超过10 000元至30 000元的部分	20	1 250
4	超过30 000元至50 000元的部分	30	4 250
5	超过50 000元的部分	35	6 750

四、“劳务报酬所得”项目

劳务报酬所得是指个人从事设计、装潢、安装、制图、化验、测试、医疗、法律、会计、咨询、讲学、新闻、广播、翻译、审稿、书画、雕刻、影视、录音、录像、演出、表演、广告、展览、技术服务、介绍服务、经纪服务、代办服务以及其他劳务取得的所得。

根据《国家税务总局关于印发〈征收个人所得税若干问题的规定〉的通知》，工资、薪金所得是属于非独立个人劳务活动，即在机关、团体、学校、部队、企事业单位及其他组织中任职、受雇而得到的报酬；劳务报酬所得则是个人独立从事各种技艺、提供各项劳务取得的报酬。两者的主要区别在于，前者存在雇佣与被雇佣关系，后者则不存在这种关系。

施工企业的管理人员一般都是施工企业的正式职工，适用工资薪金所得，没有什么争议。工程队劳务人员一般由两部分构成，一部分是劳务企业的劳务人员，另一部分是施工企业自行组织的其他社会劳动者。规范的做法应该是，如是聘用劳务企业的劳务人员，应该凭劳务企业给施工企业开具的发票入账；如是施工企业自行组织的其他社会劳动者，首先应该由施工企业与劳动者签订劳动合同，确立雇佣与被雇佣关系，然后对支付给劳动者的薪酬按“工资、薪金所得”项目计征个人所得税。

在实际工作中，如何区分工资、薪金所得和劳务报酬所得呢？一般可从以下几个方面考虑：

第一，单位与劳动者是否签订劳动合同。从法律角度来看，《劳动合同法》规定，建立劳动关系必须签订劳动合同。显然，签订劳动合同的职工享有《劳动合同法》规定的权利义务，和用人单位存在着雇佣与被雇佣的关系，持有劳动就业管理机构确认的《职工劳动手册》或《人员就业证》，按国家规定已参加社会保险。这样取得所得属于工资、薪金所得。

劳务报酬所得一般通过《合同法》中列明的有关承揽合同、技术合同等合同取得，劳动者和用人单位没有签订劳动合同，不存在雇佣与被雇佣关系，其劳务受《合同法》的调整。医疗保险、社会保险、假期工资等方面不享受单位员工待遇；从事劳务服务所取得的劳务报酬是按小时、周、月或一次性计算支付；劳务服务的范围是固定或有限的，并对其完成的工作负有质量责任。

第二，单位是否对劳动者实施日常管理。领取工资、薪金的职工，其姓名都记载在企业的职工名册中，当年度连续在本单位工作3个月以上（含3个月），并且企业日常都对他们进行考勤管理。领取劳务报酬的人员并非企业的职工，企业对他们也没有日常考勤要求，其为提供合同规定的劳务所相应发生的各项费用由其个人负责。

第三，个人劳务是否独立。工资、薪金所得和劳务报酬所得的主要区别还在于其是否为劳动者独立从事劳务活动所取得的收入。工资、薪金所得是从事依附于人、受制于人的劳务活动所得的报酬。劳务报酬所得则是个人独立从事各种技艺、提供各种劳务取得的报酬。两者的主要区别在于，前者存在雇佣和被雇佣关系，为非独立个人劳务；后者则不存在雇佣和被雇佣关系，为独

立个人劳务。

“劳务报酬所得”项目的适用税率如表8—3所示：

表8—3

级数	每次应纳税所得额	税率（%）	速算扣除数
1	不超过20 000元的	20	0
2	20 000～50 000的部分	30	2 000
3	超过50 000的部分	40	7 000

第二节　常见特定事项的个人所得税政策

一、关于退休（离休）工资、内退工资的政策

（一）退休工资的政策

根据《个人所得税法》，按照国家规定领取的退休（离休）工资不需要缴纳个人所得税。但是，根据《关于离退休人员取得单位发放离退休工资以外奖金补贴征收个人所得税的批复》（国税函〔2008〕723号），离退休人员除按规定领取离退休工资或养老金外，另从原任职单位取得的各类补贴、奖金、实物，不属于《个人所得税法》第四条规定可以免税的退休工资、离休工资、离休生活补助费。根据《国家税务总局关于个人兼职和退休人员再任职取得收入如何计算征收个人所得税问题的批复》（国税函〔2005〕382号），退休人员再任职取得的收入，在减除按个人所得税法规定的费用扣除标准后，按“工资、薪金所得”应税项目缴纳个人所得税。

根据《关于高级专家延长离休退休期间取得工资薪金所得有关个人所得税问题的通知》（财税〔2008〕7号），达到离休、退休年龄，但确因工作需要，适当延长离休退休年龄的高级专家

（指享受国家发放的政府特殊津贴的专家、学者），其在延长离休退休期间的工资、薪金所得，视同退休工资、离休工资免征个人所得税。

所称延长离休退休年龄的高级专家是指：（1）享受国家发放的政府特殊津贴的专家、学者；（2）中国科学院、中国工程院院士。

高级专家延长离休退休期间取得的工资、薪金所得，其免征个人所得税政策口径按下列标准执行：（1）对高级专家从其劳动人事关系所在单位取得的，单位按国家有关规定向职工统一发放的工资、薪金、奖金、津贴、补贴等收入，视同离休、退休工资，免征个人所得税；（2）除上述第（1）项所述收入以外各种名目的津补贴收入等，以及高级专家从其劳动人事关系所在单位之外的其他地方取得的培训费、讲课费、顾问费、稿酬等各种收入，依法计征个人所得税。

（二）内退工资的政策

根据《国家税务总局关于个人所得税有关政策问题的通知》（国税发〔1999〕58号），实行内部退养的个人在其办理内部退养手续后至法定离退休年龄之间从原任职单位取得的工资、薪金，不属于离退休工资，应按"工资、薪金所得"项目计征个人所得税。

个人在办理内部退养手续后从原任职单位取得的一次性收入，应按办理内部退养手续后至法定离退休之间的所属月份进行平均，并与领取当月的工资、薪金所得合并后减除当月费用扣除标准，以余额为基数确定适用税率，再将当月工资、薪金加上取得的一次性收入，减去费用扣除标准，按适用税率计征个人所得税。

二、公务交通、通讯补贴的政策

根据《关于个人所得税有关政策问题的通知》（国税发〔1999〕

58号)，个人因公务用车和通讯制度改革而取得的公务用车、通讯补贴收入，扣除一定标准的公务费用后，按照“工资、薪金所得”项目计征个人所得税。按月发放的，并入当月工资、薪金所得计征个人所得税；不按月发放的，分解到所属月份并与该月份工资、薪金所得合并后计征个人所得税。公务费用的扣除标准，由省级地方税务局根据纳税人公务交通、通讯费用的实际发生情况调查测算，报经省级人民政府批准后确定，并报国家税务总局备案。

（一）关于向职工个人支付收入的形式

根据《关于个人因公务用车制度改革取得补贴收入征收个人所得税问题的通知》(国税函〔2006〕245号)，因公务用车制度改革而以现金、报销等形式向职工个人支付的收入，均应视为个人取得公务用车补贴收入，按照“工资、薪金所得”项目计征个人所得税。

据了解，近年来，部分单位因公务用车制度改革，对用车人给予各种形式的补偿：直接以现金形式发放，在限额内据实报销用车支出，单位反租职工个人的车辆支付车辆租赁费（“私车公用”)，单位向用车人支付车辆使用过程中的有关费用等。

（二）关于公务费用的扣除标准

公务费用的扣除标准，由省级地方税务局根据纳税人公务交通、通讯费用的实际发生情况调查测算，报经省级人民政府批准后确定，并报国家税务总局备案。根据《关于2009年度税收自查有关政策问题的函》(企便函〔2009〕33号)，交通补贴公务费用扣除标准当地政府未制定公务费用扣除标准，按交通补贴全额的30%作为个人收入扣缴个人所得税。通讯补贴如当地政府未制定公务费用扣除标准，按通讯补贴全额的20%作为个人收入扣缴个人所得税。

三、关于免税事项的具体规定

（一）福利费

福利费，是指根据国家有关规定，从企业、事业单位、国家机关、社会团体提留的福利费或者工会经费中支付给个人的生活补助费。所称生活补助费，是指由于某些特定事件或原因而给纳税人或其家庭的正常生活造成一定困难，其任职单位按国家规定从提留的福利费或者工会经费中向其支付的临时性生活困难补助。

福利费免缴个人所得税。但下列收入不属于免税的福利费范围，应当并入纳税人的工资、薪金收入计征个人所得税：

（1）从超出国家规定的比例或基数计提的福利费、工会经费中支付给个人的各种补贴、补助；

（2）从福利费和工会经费中支付给单位职工的人人有份的补贴、补助；

（3）单位为个人购买汽车、住房、电子计算机等不属于临时性生活困难补助性质的支出。

（二）生育津贴

根据《财政部 国家税务总局关于生育津贴和生育医疗费有关个人所得税政策的通知》（财税〔2008〕8号），生育妇女按照县级以上人民政府根据国家有关规定制定的生育保险办法，取得的生育津贴、生育医疗费或其他属于生育保险性质的津贴、补贴，免征个人所得税，上述规定自发文之日（2008年3月7日）起执行。

（三）三险一金

根据《关于基本养老保险费基本医疗保险费失业保险费 住房公积金有关个人所得税政策的通知》（财税〔2006〕10号），企事业单位按照国家或省（自治区、直辖市）人民政府规定的缴费比例或办法实际缴付的基本养老保险费、基本医疗保险费和失业保

险费，免征个人所得税；个人按照国家或省（自治区、直辖市）人民政府规定的缴费比例或办法实际缴付的基本养老保险费、基本医疗保险费和失业保险费，允许在个人应纳税所得额中扣除。企事业单位和个人超过规定的比例和标准缴付的基本养老保险费、基本医疗保险费和失业保险费，应将超过部分并入个人当期的工资、薪金收入，计征个人所得税。

根据《住房公积金管理条例》、《建设部 财政部 中国人民银行关于住房公积金管理若干具体问题的指导意见》（建金管〔2005〕5 号）等规定精神，单位和个人分别在不超过职工本人上一年度月平均工资 12%的幅度内，其实际缴存的住房公积金，允许在个人应纳税所得额中扣除。单位和职工个人缴存住房公积金的月平均工资不得超过职工工作地所在设区城市上一年度职工月平均工资的 3 倍，具体标准按照各地有关规定执行。单位和个人超过上述规定比例和标准缴付的住房公积金，应将超过部分并入个人当期的工资、薪金收入，计征个人所得税。

个人实际领（支）取原提存的基本养老保险金、基本医疗保险金、失业保险金和住房公积金时，免征个人所得税。

四、关于雇员从受雇单位取得各类所得的征税项目

雇员从受雇单位取得的各类应税所得（如参加各类活动取得的奖金、稿酬、讲课费等），均应按照“工资、薪金所得”项目计算征收个人所得税（参照大地税函〔2008〕253 号文）。

例如，个人在公司（包括关联公司）任职、受雇，同时兼任董事、监事的，应将董事费、监事费与个人工资收入合并，统一按“工资、薪金所得”项目缴纳个人所得税；个人担任公司董事、监事，但不在公司任职、受雇的，属于劳务报酬性质，按“劳务报酬所得”项目征税。又如，很多企业内部创办报纸、杂志，任

职或受雇于本企业的记者、编辑等人员，因在本企业的报纸、杂志上发表作品取得的所得，属于因任职、受雇而取得的所得，应与其当月工资收入合并，按“工资、薪金所得”项目征收个人所得税。除上述专业人员以外，其他人员在本企业的报纸、杂志上发表作品取得的所得，应按“稿酬所得”项目征收个人所得税。

五、对外赠送礼品的税务及会计处理

根据《国家税务总局关于个人所得税有关问题的批复》（国税函〔2000〕57号）规定，在经济交往活动中，企业向外单位个人支付的非现金资产，按照“其他所得”项目计征个人所得税。正确的账务处理是：借记“其他应收款”，贷记“应交税费——应交个人所得税”。但给客户赠送物品扣缴个人所得税是不太现实的，因此，应将本单位为受赠客户承担的个人所得税计入相关费用处理。但在计算企业所得税时，此项个人所得税是不能扣除的，应该在年终申报企业所得税时作纳税调增处理。

第三节　建筑业企业个人所得税征收管理

一、个人所得税的源泉扣缴

税法规定，个人所得税以取得应税所得的个人为纳税义务人，以支付所得的单位或者个人为扣缴义务人。

按照税法规定，代扣代缴个人所得税，是扣缴义务人的法定义务，必须依法履行。施工企业在向个人支付下列所得时，应代扣代缴个人所得税：工资、薪金所得；对企事业单位的承包经营、承租经营所得；劳务报酬所得。

扣缴义务人在向个人支付应纳税所得时，不论纳税人是否属

于本单位人员，均应代扣代缴其应纳的个人所得税税款。扣缴义务人依法履行代扣代缴税款义务，纳税人不得拒绝。扣缴义务人在扣缴税款时，必须向纳税人开具税务机关统一印制的代扣代收税款凭证，并详细注明纳税人姓名、工作单位、家庭住址和身份证或护照号码等个人情况。对工资、薪金所得等，因纳税人众多，不便一一开具代扣代收税款凭证的，经主管税务机关同意，可不开具，但应通过一定的形式告知纳税人已扣缴税款。纳税人为持有完税依据而向扣缴义务人索取代扣代收税款凭证的，扣缴义务人不得拒绝。扣缴义务人向纳税人提供非正式扣税凭证的，纳税人可以拒收。

扣缴义务人应当设立代扣代缴税款账簿，正确反映个人所得税的扣缴情况，并如实填写《扣缴个人所得税报告表》及其他有关资料。扣缴义务人不报送或者报送虚假纳税资料的，一经查实，其未在支付个人收入明细表中反映的向个人支付的款项，在计算扣缴义务人应纳税所得额时，不得作为成本费用扣除。

自 2001 年 5 月 1 日起，扣缴义务人应扣未扣、应收而不收税款的，由税务机关向纳税人追缴税款，对扣缴义务人处应扣未扣、应收未收税款的 50%以上 3 倍以下的罚款。纳税人、扣缴义务人逃避、拒绝或者以其他方式阻挠税务机关检查的，由税务机关责令改正，可以处 1 万元以下的罚款；情节严重的，处 1 万元以上 5 万元以下的罚款。

税务机关应根据扣缴义务人所扣缴的税款，支付 2%的手续费，由扣缴义务人用于代扣代缴费用开支和奖励代扣代缴工作做得较好的办税人员。

二、异地施工个人所得税纳税地点的确定

根据《建筑安装业个人所得税征收管理暂行办法》（国税发

〔1996〕127号），在异地从事建筑安装业工程作业的单位，应在工程作业所在地扣缴个人所得税。但所得在单位所在地分配，并能向主管税务机关提供完整、准确的会计账簿和核算凭证的，经主管税务机关核准后，可回单位所在地扣缴个人所得税。

根据《关于建筑安装企业扣缴个人所得税有关问题的批复》（国税函〔2001〕505号），到外地从事建筑安装工程作业的建筑安装企业，已在异地扣缴个人所得税（不管采取何种方法计算）的，机构所在地主管税务机关不得再对在异地从事建筑安装业务而取得收入的人员实行查账或其他方式征收个人所得税。但对不直接在异地从事建筑安装业务而取得收入的企业管理、工程技术等人员，机构所在地主管税务机关应据实征收其个人所得税。

三、建筑业企业个人所得税的核定征收

从事建筑安装业的单位和个人应设置会计账簿，健全财务制度，准确、完整地进行会计核算。对未设立会计账簿，或者不能准确、完整地进行会计核算的单位和个人，主管税务机关可根据其工程规模、工程承包合同（协议）价款和工程完工进度等情况，核定其应纳税所得额或应纳税额，据以征税。具体核定办法由县以上（含县级）税务机关制定。

按工程价款的一定比例计算扣缴个人所得税，税款在纳税人之间如何分摊由企业决定，在支付个人收入时扣缴；如未扣缴，则认定为企业为个人代付税款，应按个人所得税的有关规定计算缴纳企业代付的税款。

有些省市对有关“从事建筑安装业的单位和个人应设置会计账簿，健全财务制度，准确、完整地进行会计核算”问题如何掌握进行了明确。其中，上海市的规定（沪地税所二〔2004〕11号）如下。

（1）会计核算准确。会计账簿设置规范，财务制度健全，能向主管税务机关提供完整、准确的会计账簿和核算凭证，且非个人承租承包经营。

（2）纳税信誉较好。能按照税法规定向主管税务机关纳税申报和报送有关资料，及时、足额缴纳税款，无偷税、骗税、抗税行为记录。

（3）具有较高的企业资质等级。建筑业企业壹级或壹级以上资质等级。

同时符合以上三个条件，并已在上海市地方税务局第六分局办妥建筑安装工程项目进沪税务报验登记手续的外省市在沪内资建筑安装企业（包括中央部属单位进沪企业），经税务机关核定，可实行个人所得税查账征收。

第四节　施工企业个人所得税管理常见问题

一、支付农民工工资时不扣个人所得税

造成支付农民工工资时不扣个人所得税的原因，客观上有施工企业农民工流动性强、人员不稳定因素，主观上也有对农民工的同情因素，农民工是社会的弱势群体，他们的工资是纯粹的血汗钱、辛苦钱、救命钱，微薄的工资如果再扣个人所得税势必造成社会的“不公平”。但是，根据我国现行《个人所得税法》，只对“残疾、孤老人员和烈属的所得”，经批准可以减征个人所得税，并没有规定农民工可以减征或不征个人所得税。因此，只要农民工取得的收入属于个人所得税应税项目，且收入达到纳税标准的，就应该同城镇居民一样，依法缴纳个人所得税。

二、核定征收个人所得税加重企业负担

很多地方对建筑业个人所得税实行核定征收的办法。比如，山东省规定对外省进鲁从事建筑安装的施工企业，应按鲁地税函〔2006〕37号文件规定执行，即对外省进鲁施工单位从业人员工资薪金所得的个人所得税一律在工程作业所在地扣缴，对不能准确核算或不提供从业人员收入情况的，可暂按工程结算收入的0.5％扣缴个人所得税。

由于核定的比例不尽合理，造成主管税务机关核定的个人所得税，施工企业不能从应发工资扣回，形成了企业的不合理负担。而且按照目前规定，超扣的部分又不能在企业所得税前扣除，加重了企业负担。

参考文献

[1] 财政部. 企业会计准则 [M]. 北京：经济科学出版社，2006.

[2] 财政部. 企业会计准则——应用指南 [M]. 北京：中国财政经济出版社，2006.

[3] 财政部会计司编写组. 企业会计准则讲解 [M]. 北京：人民出版社，2007.

[4] 高金平. 最新税收政策疑难解析 [M]. 北京：中国财政经济出版社，2009.

[5] 中华会计网校. 新企业会计准则及相关制度精读精讲 [M]. 北京：东方出版社，2006.

[6] 财政部会计准则委员会网站 http://www.casc.gov.cn/

[7] 国家税务总局网站 http://www.chinatax.gov.cn/

后　记

当本书即将成稿之时，一种感觉油然而生：在施工企业做财务太难了！这也不能做，那也不能做，与现实相差太远了！规定不允许转包，对分包也有严格的限制，可哪家施工企业能拥有这么多施工队伍？规定与农民工必须签订劳动合同，可他们有的干一两个月就走了，怎么签订？规定给农民工发工资也要扣个人所得税，可谁能忍心？……

的确是这样，我相信很多读者也会有这样的体会。但是，现实中对这些问题是怎么处理的呢？我的体会是，现实处理是一个权衡的过程。何谓权衡？权衡就是当生硬的规定和生动的现实之间产生矛盾时所作出的一种抉择，就是两利之间取其重，两害之间取其轻的一种选择。这是经营者不得不面对的事情。比如，很长时间以来，国内没有多少施工企业的作业层能有足够多的施工队伍，社会上也很少有符合条件的分包商，在这种情况下，难道就不承揽工程了吗？企业难道就不生存发展了吗？肯定不行嘛！

但是，既然谓之“权衡”，就应该通晓利害，如果不懂得利害关系，见利就钻，“捅娄子”那就是迟早的事。作为介绍财税方面知识的书籍，本书更多地介绍各种行为的“害”，但是，我觉得知害而避之，知害无害！尤其是，财税方面的有些禁忌是高压线，是绝对不能触碰的。比如，对于国家建设资金，施工企业如果真正将其用于工程建设，即使存在这样那样的不规范行为，顶多让

企业去整改，但如果将其用于其他用途，甚至是用于对客户行贿，即使编造的手续再完备，也早晚会露出马脚，肯定会自讨苦吃！这样的例子还少吗？所以，我经常爱说一句话："无知者无畏不可怕，无知者无所谓才真正可怕！"从这个意义上讲，本书只是试图解决一些"知"的问题！

本书在成稿的过程中，得到了中国市场出版社胡超平副总编辑的悉心指导，虽然未曾谋面，但她认真细致的敬业精神让我受益匪浅，不胜感激！我的爱人苗璟女士为了让我有更多的精力投入写作，承担了全部的家务，这本书应该是我们共同的作品。

是为记。

王　宁

2010 年 11 月